KARIN STEINBACH und PETER HABELER

DAS ZIEL IST DER GIPFEL

KARIN STEINBACH und PETER HABELER

DAS ZIEL IST DER GIPFEL

Tyrolia-Verlag – Innsbruck-Wien

INHALT

HERBERT WOOPEN

IN TIEFER VERBUNDENHEIT GEWIDMET

JEDER HAT SEINEN ACHTTAUSENDER

Einer der besten französischen Alpinisten, Lionel Terray, bezeichnete uns Bergsteiger als „Eroberer des Unnützen“ – zu Recht, möchte man meinen. Als Lebensraum eignet sich das Gebirge nicht sonderlich, und auch irdische Reichtümer sind auf den Gletschern und Gipfeln nicht zu holen. Was ist dann der Grund dafür, dass sich doch so viele Menschen im Gebirge aufhalten, Wanderungen, Klettertouren, Gletscherüberquerungen unternehmen und sich in den Bergen Kraft und Ausdauer für das Leben „im Tal“ holen?
In der Tat ist es nicht leicht, die Faszination des Bergsteigens zu beschreiben. Sind es die Farben, die besonders intensiv dem Jahreslauf folgen? Ist es die Mächtigkeit, die imposante Erscheinung der Gipfel, und gleichzeitig die unglaubliche Ruhe, die das Gebirge ausstrahlt? Kann es sein, dass man aus Neugierde auf einen hohen Berggipfel steigt, um quasi wie mit einem Weitwinkel der Kamera mehr zu sehen und zu erkennen als in einem engen Tal?

Ich bin im Zillertal geboren und im Gebirge aufgewachsen, und als Kind war es wohl eher die Neugierde, die mich zum Bergsteigen gebracht hat. Wie sieht es da oben aus, finde ich dort etwas, was es im Tal nicht gibt? Irgendjemand hatte einmal erzählt, man könnte das Meer sehen. Nun, das Meer habe ich in den heimatlichen Bergen nicht gesehen, aber ich erlebte eine Fülle von äußerst intensiven, herrlichen Eindrücken, die mich formten und meinen weiteren Lebensweg bestimmten.
Ich wurde Bergsteiger, Bergführer; wenn man will, könnte man auch Abenteurer sagen. Mein Hobby, das Bergsteigen, wurde zu meinem Beruf. Ich hatte das Glück, Freunde zu kennen, die mir das Wesentliche für das Überleben im Gebirge beibrachten. Aber nicht nur das technische Rüstzeug wurde mir mitgegeben, sie lehrten mich vor allem auch den Respekt vor der Natur und ihrer Größe.

Möglichst viele Spielarten des Alpinismus kennenzulernen, das war mir wichtig. Kletterrouten im leichten und im extremen Gelände, Anstiege im steilen Eis, lange, ausgedehnte Gratklettereien über eine Reihe von mehreren Gipfeln ... Durch intensives Training erreichte ich eine große Sicherheit in den Bergen. Häufig kletterte ich bei schlechtestem Wetter. Ob es regnete oder schneite – was kümmerte mich das? Wichtig war die Erfahrung, das Erleben möglichst vieler verschiedener Situationen.

Mein „Verschleiß" an Seilpartnern war groß. Viele von ihnen wussten mit mir irgendwann nicht mehr viel anzufangen. Es ging ihnen alles zu schnell, und wenn ich damals nach zehn bis zwölf Stunden schwerster Kletterei am Gipfel meine obligaten Karotten auspackte und während des Kauens schon wieder zum Aufbruch drängte, hassten sie mich. Ich war besessen, kletterte viel allein, Touren im höchsten Schwierigkeitsgrad im Wilden Kaiser, an Fleischbank, Totenkirchl und Predigtstuhl, in der schnellstmöglichen Zeit. Aber nicht die Zeit als solche war mir wichtig. Schnell zu klettern bedeutete, einem möglichen Gewitter auszuweichen, bedeutete Sicherheit.

Mitte der Sechzigerjahre lernte ich einen jungen Südtiroler Bergsteiger kennen – Reinhold Messner. Instinktiv wusste ich: Das wird mein Partner. Reinhold hatte die gleichen Ideen, war unglaublich schnell, sowohl im Fels als auch im Eis, und genau wie ich wollte er Neues. Gemeinsam „wieselten" wir durch die Eiger-Nordwand, in knapp zehn Stunden. Wir wussten um unsere Fähigkeiten und wollten neue Maßstäbe setzen – an den hohen Bergen der Welt.

1969 durchstiegen Reinhold und ich die über 50 Grad steile Ostwand des Yerupaja, eines Sechstausenders in Peru. Wir waren um Mitternacht in die Wand eingestiegen, kletterten teilweise seilfrei und erreichten unseren Ausgangspunkt kurz vor Mitternacht des gleichen Tages. Mit Messner war in der Tat alles möglich, seine Sicherheit und seine technischen Fähigkeiten im schwersten alpinen Gelände waren unerreicht. Wir passten zusammen und ergänzten uns. Unsere weiteren gemeinsamen Unternehmungen, nun im Himalaja, standen unter einem guten Stern. Unsere Erfolge machten uns selbstsicher, aber nie übermütig; wir wussten immer, wann es Zeit war, umzukehren.

Im Zusammenhang mit dem Bergsteigen wird immer wieder gern zitiert, dass der Weg das Ziel sei. Für meine aktive Zeit als Kletterer und Höhenbergsteiger möchte ich dieser Aussage widersprechen. Auch wenn der Weg wichtig ist, mein eigentliches Ziel war nie der Weg, sondern immer der Gipfel, die maximale Leistung. Auf dieses Ziel war ich fokussiert. Um meine Ziele zu erreichen, musste ich die eine oder andere gefährliche Situation in Kauf nehmen. Doch ich tat das nicht aus Todessehnsucht; indem ich die Gefahren überwand, den Tod riskierte, konnte ich den Wert des Lebens umso deutlicher erkennen.

Nach vielen Jahren im Gebirge hat das Bergsteigen für mich heute noch denselben Stellenwert wie früher, wenn ich auch nicht mehr so ungestüm bin, nicht mehr so wild. Meine Heimat sind gleichermaßen die europäischen Alpen wie auch das Dach der Welt, die Himalajaberge. Jedes Jahr, zumeist im Herbst, zieht es mich unweigerlich nach Nepal. Die Ziele sind nicht mehr so hoch gesteckt. Meine Partner, mit denen ich die prächtigen Hochgebirgstäler durchwandere oder auch diesen oder jenen Gipfel besteige, kommen mittlerweile aus aller Herren Länder.

Wenn ich mit Gästen unterwegs bin, passe ich mich an ihre Geschwindigkeit an, was manchmal auch bedeutet, sich relativ langsam fortzubewegen. Bin ich allein, gehe ich sehr schnell, dann tanze ich, dann springe ich auch. Es ist mir ein Vergnügen, rhythmisch und gezielt Fuß vor Fuß zu setzen, schnell und präzise den Platz für den nächsten Schritt zu wählen. Ich bin ein leidenschaftlicher Geher. Das Gehen ist für mich überhaupt das Maß aller Dinge. Gehen ist meditativ. Sehr langes Gehen führt an die Grenze der Erschöpfung. Man erreicht unweigerlich einen toten Punkt. Dann muss man sich auf gut Deutsch „einen Tritt in den Hintern geben" – dann wird es plötzlich ganz licht, hell und schön. Das muss nicht am Everest sein. Je nach persönlichem Können reicht dafür ein Dreitausender, ein Viertausender, eine Kletterroute an der eigenen Leistungsgrenze, eine Trekkingtour über hohe Pässe. Jeder, der ins Gebirge geht, hat seinen Achttausender.

Heute versetze ich keine Grenzen mehr, aber ich lote immer noch, immer wieder meine eigenen Grenzen aus. Auch wenn ich immer noch gern schnell gehe, immer noch höhentauglich bin, bin ich natürlich nicht mehr so agil und leistungsfähig wie früher. Die großen alpinistischen Meilensteine setzt heute eine andere, junge Generation. Dies nicht sehen zu wollen wäre verblendet.

Was mich jedoch jung hält, ist die Tatsache, dass ich weiterhin Ziele habe. Ziele, die meinem Können und meiner Verfassung entsprechen. Sicher, meine Routen werden leichter, meine Gipfel niedriger werden. Aber ich werde weiterhin Ziele haben und Herausforderungen suchen.

Doch die Berge sind nicht nur Herausforderung für mich. Sie sind auch ein Ruhepunkt. Selbst wenn ich schlecht gelaunt von daheim weggehe, weil mir etwas durch den Kopf geht, was ich nicht klären kann – sobald ich unterwegs bin, auf dem Weg nach oben, fällt diese Beklemmung von mir ab. Ich habe Zeit, um meinen Gedanken nachzuhängen, um die Maßstäbe wieder zurechtzurücken. Der Kopf wird frei. Ich gehe auf einen Gipfel, und wenn ich wieder herunterkomme, bin ich ein anderer Mensch.

Immer noch erobern wir Bergsteiger „Unnützes", tun Dinge, die rational nicht erklärbar sind, und fühlen uns wohl dabei. Es muss etwas dran sein am Gehen, am Überwinden, am Suchen und Finden von Lösungen. Langes Gehen, ausgedehntes Wandern – das ist Balsam für Seele und Körper. Am Berg fühle ich Kraft und Wärme. Wenn ich mir für mein weiteres Leben etwas wünschen darf, so lautet dieser Wunsch, dass ich noch möglichst lange gehend unterwegs sein kann. Und vielleicht dabei auch noch den einen oder anderen Gipfel erreiche.

LAUSBUBEN AM EVEREST

DIE ERSTE BESTEIGUNG DES HÖCHSTEN BERGES DER WELT OHNE KÜNSTLICHEN SAUERSTOFF

Am 21. April 1978 stieg ich mit Reinhold Messner vom Basislager ins Lager 1 auf. Wir wollten in den folgenden Tagen unseren ersten Angriff auf den Gipfel des Mount Everest (8850 m) machen. Nach wochenlangen Versicherungsarbeiten im Khumbugletscher und in der Lhotseflanke fühlten wir uns in einer prächtigen Verfassung. Durch oftmaliges Aufsteigen in die Hochlager hatten wir uns optimal akklimatisieren können; bis zum Vorgeschobenen Basislager auf 6400 Metern marschierten wir, als ob wir irgendwo in den heimatlichen Bergen wären. Dementsprechend gut war auch unsere Stimmung. Unser Ziel war klar: Als erste Menschen wollten wir versuchen, ohne künstlichen Sauerstoff den höchsten Punkt der Erde zu erreichen – ein Vorhaben, das von vielen Medizinern als völliger Unsinn bezeichnet und zum Scheitern verurteilt worden war. Auch in alpinistischen Kreisen räumte man uns nur geringe Chancen ein.

Reinhold und ich wollten, das hatten wir immer wieder betont, nur einen Versuch machen. Wir wussten, dass bereits in den Zwanzigerjahren Engländer ohne jegliche Sauerstoffhilfe Höhen von mehr als 8500 Metern erreicht hatten, überdies mit einer völlig unzulänglichen Ausrüstung. Bekannt war auch, dass nach der 1953 erfolgten Erstbesteigung des Mount Everest durch Edmund Hillary und Tenzing Norgay kein ernsthafter Versuch ohne Sauerstoff mehr erfolgte. Man sprach nur immer wieder davon, dass es unmöglich wäre, dass der im Vergleich zur Meereshöhe nur mehr ein Drittel betragende Sauerstoffdruck schwere körperliche Schäden insbesondere des Gehirns nach sich ziehen würde. Wohl waren bei einigen Unternehmungen die Bergsteiger nicht permanent mit Sauerstoff unterwegs gewesen, hatten manchmal nur Schlafsauerstoff oder Sauerstoffduschen genommen (im ersten Fall Michl Dacher am Lhotse, im zweiten die Chinesen 1975 am Everest). Unverständlicherweise wurde hier einige Male von „sauerstofflosen" Besteigungen gesprochen. Doch auch diese Expeditionen müssen zu den traditionellen zählen. Als sauerstofflos kann nur eine Besteigung gelten, bei der vom Beginn der Expedition bis zum Ende überhaupt kein zusätzlicher Sauerstoff – in welcher Form auch immer – eingesetzt wird.

Reinhold und ich hatten uns einer Expedition des Österreichischen Alpenvereins, die unter der Leitung von Wolfgang Nairz stand, angeschlossen. Die Mannschaft bestand aus bewährten Bergsteigern; für die medizinische Betreuung waren Raimund Margreiter aus Innsbruck und Oswald Oelz aus Zürich zuständig. In gemeinsamer Arbeit hatten wir den gefürchteten Khumbu-Eisfall versichert und die Hochlager aufgestellt, in der Lhotseflanke waren Fixseile verankert worden. Dem ersten Gipfelsturm stand nichts mehr im Weg. Am 22. April erreichten Reinhold und ich Lager 2, unser Vorgeschobenes Basislager auf 6400 Metern, und tags darauf das Lager 3 in der Lhotseflanke auf 7200 Metern. Am Morgen des 24. beschloss ich, nachdem ich mir mit Sardinen aus der Dose, die gefroren waren, den Magen verdorben hatte, wieder zurück ins Lager 2 abzusteigen. Reinhold wollte mit zwei Sherpas zum Südsattel vorstoßen und Lager 4 errichten. Später am Nachmittag verschlechterte sich das Wetter. Um 18 Uhr herrschte starkes Schneetreiben, und der Sturm steigerte sich zum Orkan. Das Zelt am Südsattel, in dem Reinhold mit den beiden Sherpas war, wurde zerfetzt. Am nächsten Tag wütete der Wind mit unverminderter Heftigkeit, Reinhold konnte notdürftig ein Reservezelt errichten. Nach einer weiteren Nacht, der zweiten ohne Sauerstoff, gelang den dreien erst am 26. der Abstieg ins Lager 2. Erschöpft und von den Strapazen gezeichnet, erreichte Reinhold am 27. April das Basislager.

Mittlerweile waren Wolfgang Nairz, Robert Schauer und Horst Bergmann zusammen mit Ang Phu, dem Sherpa-Sirdar, aufgestiegen. Das Wetter war herrlich, sie wollten zum Gipfel. Am 1. Mai spurten sie in hüfttiefem Schnee vom Südsattel hinauf bis auf 8500 Meter, wo sie Lager 5 errichteten. Ab einer Höhe von 7200 Metern hatten sie Sauerstoffmasken benutzt. Das Wetter war unverändert gut. Nach fünfstündigem Aufstieg erreichte die Mannschaft am frü-

Der Mount Everest mit dem stark zerklüfteten Khumbugletscher

hen Nachmittag des 3. Mai den Gipfel des Everest. Es war ein großartiger Erfolg, der uns, die wir in den tieferen Lagern warteten, großen Auftrieb gab. Am selben Tag, an dem die Gipfelmannschaft müde, aber in guter Verfassung im Lager 2 eintraf, nächtigten auch Reinhold und ich dort. Das Wetter schien zu halten. Die fürchterliche Hitze vermeidend – die Quecksilbersäule kletterte manchmal auf über 40 Grad plus –, stiegen Reinhold und ich anderntags durch die Lhotseflanke, verbrachten eine kalte, aber gute Nacht in Lager 3 und gelangten am 7. Mai nach anstrengender Spurarbeit um die Mittagszeit zum Südsattel auf rund 7900 Metern. Drei Sherpas sowie Eric Jones, ein bekannter englischer Bergsteiger, hatten uns begleitet. Obwohl wir ohne künstlichen Sauerstoff aufgestiegen waren, fühlten wir uns gut.

Während der Nacht kam Sturm auf. Wir schliefen kaum, und der Sauerstoffmangel machte sich bemerkbar. Ich hatte kalte Füße, die ich nicht warm bekommen konnte. Gegen drei Uhr früh begann Reinhold Tee zu kochen. Heute, das wussten wir, würde die Entscheidung fallen. Um halb sechs krochen wir, die Steigeisen bereits an den Füßen, aus dem Zelt. Immer noch blies der Wind heftig aus Südwesten, dunkle Wolkenbänke standen über dem Nuptsegrat. Mein erster Impuls war umkehren – ich konnte mir schwer vorstellen, bei diesen Verhältnissen auch nur einige hundert Meter hinaufzukommen. Durch mein Zögern hatte Reinhold einen kleinen Vorsprung gewonnen. Ich rief Eric Jones, bat ihn, unseren Aufbruch zu filmen, und folgte Reinhold.

In den Beinen spürte ich eine bleierne Müdigkeit, bereits nach 20 bis 30 Metern musste ich jeweils Rastpausen einlegen. Wenn sich das verschlimmerte, würde ich nicht einmal bis zum Südgipfel kommen. Vielleicht war es doch vermessen, vom Südsattel aus zu starten und damit einen Höhenunterschied von fast 950 Metern zurücklegen zu müssen, noch dazu ohne Sauerstoffhilfe? Doch die Bedenken der vergangenen Tage waren völlig verschwunden. Ich dachte nicht an zu Hause, nicht an Frau und Kind, sondern nur noch an die bergsteigerischen Schwierigkeiten, die uns bevorstanden. Ich konzentrierte mich ganz und gar auf den Aufstieg, registrierte jeden meiner Schritte und versuchte, meine Kräfte einzuteilen und mit ihnen so lange wie möglich zu haushalten.

Von erhabenen Gedanken oder Gefühlen konnte allerdings keine Rede sein. Mein Gesichtskreis war ganz eng, beschränkte sich auf das Allernotwendigste. Ich sah nur meine Füße, nur die nächsten Schritte und Griffe, und bewegte mich wie ein Automat. Ich schaltete völlig ab und dachte nur noch an die nächsten fünf Meter vor mir. Ich dachte nicht an den Everest, nicht an unser Ziel. Nur dass ich diese nächsten fünf Meter hinter mich brachte, war wichtig, sonst nichts. Wenn ich überhaupt an etwas anderes dachte, dann daran, wie ich hier am besten wieder herunterkommen würde.

Die Luft wurde knapper und knapper. Ich war nahe am Ersticken. Ich erinnere mich noch, dass mir ein einziges Wort im Takt meiner Schritte durch den Kopf ging: „Vorwärts, vorwärts, vorwärts …“ Wie eine tibetische Gebetsmühle. Mechanisch setzte ich einen Fuß vor den anderen. Ab und zu blieb ich stehen, rammte den Eispickel in den Schnee und lehnte mich für eine halbe Minute darauf, schnappte nach Luft wie ein Fisch auf dem Trockenen und versuchte mich auszuruhen. Dann spürte ich deutlich, wie sich meine Muskeln mit neuer Kraft anreicherten, und es ging für zehn oder zwanzig Schritte weiter.

Inzwischen hatte ich Reinhold eingeholt und nützte als Führender das felsige Gelände aus, um nicht im grundlosen Schnee spuren zu müssen. Wir kletterten Passagen im I. und II. Schwierigkeitsgrad, konzentrierten uns völlig auf diese Kletterei und spürten, dass sich unsere Körper auf das verminderte Sauerstoffangebot einstellten. Immer wieder versuchte ich meine Zehen zu bewegen, die seit dem Aufbruch gefühllos waren. Mit kreisenden Armbewegungen trieb ich das Blut bis in die Fingerspitzen. Reinhold filmte öfter mit einer Super-8-Kamera, manchmal machte ich einige Fotos. Um halb zehn erreichten wir Lager 5.

Reinhold kochte Tee. Es dauerte eine knappe halbe Stunde, bis er fertig war. Uns war beiden klar, dass wir nach der Trinkpause sofort weitergehen mussten, erst recht, da das Wetter immer schlechter wurde. Unser gemeinsamer Wille besiegte den Wunsch, umzukehren oder wenigstens zu schlafen. Wir wollten auf jeden Fall weiter hinauf, selbst wenn es nur bis zum 8750 Meter hohen Südgipfel wäre. Auch der Südgipfel ohne Sauerstoff wäre ein großer Erfolg gewesen; er hätte den Beweis erbracht, dass es eines Tages möglich sein würde, ohne Sauerstoff bis zum Hauptgipfel zu gelangen.

Über den Südostgrat, auf der Ostseite bleibend, stapfte ich voran, Reinhold zehn Meter hinter mir. Kurz vor Erreichen des Steilaufschwungs, der zum Südgipfel zieht, versank ich in grundlosem Pulverschnee. Wie ein Maulwurf wühlend, querte ich auf allen vieren nach links zu einem Felsgrat, der jäh in die 2000 Meter hohe Südwestwand abbrach. Etwa 150 Meter kletterten wir über diesen Pfeiler. Es war die höchste, luftigste Kletterei, die ich je gemacht hatte, noch dazu ohne Seil. Nur hier keinen Sturz …

Kurz nach zwölf Uhr erreichte ich den Südgipfel. Reinhold, der etwa 20 Meter unter mir stand, war nur mehr undeutlich zu sehen, er verschwand in den Schneefahnen, die der Südwestwind vom Grat blies. Unter uns brodelte ein Wolkenmeer, aus dem Makalu, Cho Oyu und Lhotse herausragten. Der Hauptgipfel schien zum Greifen nahe, und doch wussten wir, dass für diese Strecke oft Stunden gebraucht wurden. Wir konnten noch die Fußstapfen der Nairz-Mannschaft erkennen. Der Grat war stark überwechtet – wir seilten uns an. Mit äußerster Vorsicht kletterten wir, abwechselnd führend, weiter. Reinhold filmte, so oft es aus Sicherheitsgründen zu verantworten war. Sein eisverkrustetes Gesicht sah aus wie eine Grimasse. Am Hillary Step, der Aufsteilung im Gratverlauf, konnten wir die Tritte unserer Vorgänger benutzen; einige waren aber ausgebrochen, und der Untergrund war instabil.
Die letzten Meter zum Gipfel gingen – oder vielmehr krochen – wir gemeinsam. Trotz aller Euphorie, es bald geschafft zu haben, war ich körperlich total am Ende. Ich ging nicht mehr aus eigenem Willen, sondern nur noch mechanisch, wie ein Automat. Kurz nach 13 Uhr standen wir am höchsten Punkt der Erde. Wir umarmten uns, freuten uns, waren endlich befreit von dem unmenschlichen Zwang, weitergehen zu müssen. Vage wurde mir bewusst, dass wir die ersten Menschen waren, die es ohne jegliche Sauerstoffhilfe auf den höchsten Punkt der Erde geschafft hatten. Trotzdem war in mir kein Triumph, sondern eher ein Gefühl der Leere. Das Ziel, das mir so wichtig gewesen war, war erreicht. Ich war leer, sowohl körperlich als auch im Geist. Ich wollte hinunter, nur noch hinunter.
Ich machte mich vom Seil los, schnitt einen Meter davon ab und befestigte das Seilstück zum Beweis unserer Besteigung an dem Aluminiumgestänge, das die Chinesen 1975 als Vermessungszeichen am Gipfel errichtet hatten. Ich fotografierte, Reinhold filmte und hantierte mit seinem Tonbandgerät. Er wollte noch etwas bleiben. Mich zog es hinunter ins Lager 4. Vorsichtig begann ich mit dem Abstieg.
Die fünf Meter hohe Gegensteigung zum Südgipfel kroch ich auf allen vieren hinauf. So schnell wie möglich wollte ich zum Südsattel hinunter, machte für Reinhold im Sinne des Abstiegs einen Pfeil in den Schnee und rutschte langsam, den Pickel als Bremse benutzend, über die Ostflanke zum Lager 5 ab. Diese Abstiegsart, das „Abfahren", verlangt jahrelanges Training, große Geschicklichkeit und ist nicht jedermanns Sache. Unterhalb von Lager 5 benutzte ich ein Couloir, musste einige Male meine Rutschfahrt unterbrechen, um

über kleinere Felsabsätze hinabzuklettern, und gelangte sehr schnell hinunter auf 8150 Meter. Etwa 200 Meter oberhalb des Südsattels geriet ich allerdings in ein Schneebrett, rutschte unkontrolliert weiter und verlor dabei Pickel und Steigeisen, doch letztendlich kam ich mit einem „blauen Auge“ – einem verdrehten Knöchel – davon. Eric Jones, der den Großteil meines Abstiegs beobachtet hatte, traute seinen Augen nicht. Ich hatte vom Gipfel bis in den Südsattel genau eine Stunde gebraucht.
Eine halbe Stunde später, kurz nach 15 Uhr, kam Reinhold. Durch oftmaliges Abnehmen seiner Schutzbrille zum Filmen hatte er sich eine fürchterliche Bindehautentzündung zugezogen. Eine weitere Nacht verbrachten wir im Lager 4. Reinhold hatte rasende Schmerzen, die uns umso mehr erschreckten, weil wir Schlimmeres als Schneeblindheit befürchteten: Blutungen im Augenhintergrund, möglicherweise Anzeichen eines beginnenden Hirnödems. Am 9. Mai stiegen wir gemeinsam durch die Lhotseflanke ab; Reinhold, der nur wenige Meter sehen konnte, blieb dicht hinter mir. Am selben Tag, spätnachmittags, stolperten wir ins Vorgeschobene Basislager, wo wir überschwänglich begrüßt wurden und uns erholen konnten. Unsere Idee hatte sich tatsächlich verwirklichen lassen.

„AM EVEREST HATTE ICH MEHR ANGST ALS BEI ALLEN SPÄTEREN EXPEDITIONEN"

Du hast selbst davon gesprochen, Peter, dass ihr am Everest noch Lausbuben wart. Meinst du damit, dass ihr so frech wart, ihn ohne Sauerstoff anzugehen?
Na ja, freche Ideen hatten wir öfter. Ich hatte eine freche Idee, als ich 1967 zum ersten Mal am Montblanc war und auf dem schwierigsten Weg, über den Frêneypfeiler, auf den Gipfel kletterte. Reinhold und ich hatten eine freche Idee, als wir 1974 die Eiger-Nordwand in einem Tag machen wollten und letztendlich knapp zehn Stunden gebraucht haben. Wir waren frech, als wir im Winter in die Bonatti-Route am Matterhorn einstiegen. Wir waren immer frech. Und Gott sei Dank waren wir frech, denn diese Frechheit – das war keine dumme Frechheit, sondern eine Frechheit, die auf unserer Leistungsfähigkeit beruhte. Und letzten Endes war diese Frechheit dann auch am Everest vorhanden. Aber mit den Lausbuben meine ich etwas anderes. Im Grunde genommen kann ich da aber nur für mich selbst sprechen. Für mich war der Everest überhaupt die erste große Expedition. Natürlich, es gab 1975 den Hidden Peak mit Reinhold, es gab 1977 unseren Versuch am Dhaulagiri, aber trotzdem war ich sozusagen ein Anfänger, hatte im Höhenbergsteigen noch zu wenig Routine. Körperlich war ich lange nicht so

1974 gelang Peter Habeler und Reinhold Messner die viel beachtete erste Durchsteigung der Eiger-Nordwand an einem Tag. Im Bild Reinhold Messner am „Zerschrundenen Pfeiler".

gut beieinander wie am Hidden Peak oder bei späteren Achttausendern. Und psychisch – ich war jung verheiratet, hatte eine sehr starke Bindung zu Regina, unser Sohn Christian war gerade mal 14 Monate alt. Ich war nicht voll konzentriert auf den Berg. Nicht hundertprozentig. Wir waren Lausbuben, weil wir viele Fehler gemacht haben, es noch nicht besser wussten.

Nach ihrer sensationellen, nur zehnstündigen Durchsteigung der gefürchteten „Mordwand" werden die Helden an der Kleinen Scheidegg von Clint Eastwood (links) und Heidi Brühl gefeiert.

Welche Fehler waren das?

Wir nahmen zum Beispiel im Basislager Schlaftabletten. Jeden Abend ein Valium, damit wir schlafen konnten – furchtbar. Dann machten Reinhold und ich einmal einen Erkundungsgang durch den Khumbu-Eisbruch hinauf ins Tal des Schweigens, wo das Vorgeschobene Basislager aufgebaut werden sollte. Am Vortag, in Lager 1, hatte ich den ganzen Abend gesungen, so gut waren wir drauf. Doch das Wetter wurde schlecht. Es kam Sturm auf. Eine furchtbare Nacht – wir mussten das Zelt mit Eisschrauben befestigen und hielten die ganze Nacht die Zeltstangen fest. Wenn der Wind uns das Zelt zerrissen hätte, wären wir wahrscheinlich gestorben. Dieses Erlebnis hat mir irgendwo einen Knick gegeben, und das hat Reinhold auch gemerkt. Aber es hat dann ja trotzdem funktioniert.

Ihr hattet eigentlich mehr Glück als Verstand – kann man das so sagen?

Nein, mehr Glück als Verstand hatte ich nicht. Am Everest hatte ich eher zu viel Verstand, konnte die Bedenken nicht loslassen. Daher kam auch mein zögerliches Verhalten, das für Reinhold mit Recht zum Problem wurde. Sonst bin ich immer gelaufen wie eine Rakete, aber am Everest hat es mich hin und her geworfen. Am Everest hatte ich mehr Angst als bei allen späteren Expeditionen, auch viel mehr Angst als am Hidden Peak. Ich habe noch deutlich diesen fürchterlichen Lärm in Erinnerung, wenn der Wind sich oben in der Südwestwand bricht und dann durch das Western Cwm herausschießt. Herunten meint man, da fährt ein Zug vorbei. Wenn ich im Basislager saß, machte mich dieses Geräusch total nervös. Ich muss dem Reinhold wirklich danken, dass er die Geduld mit mir nicht verloren hat. Er hat mich dann tatsächlich wieder so weit motiviert, dass ich gesagt habe, so, und jetzt packen wir's, jetzt ziehen wir's durch.

Wie kam es überhaupt dazu, dass ihr gemeinsam unterwegs wart? Seit wann kanntet ihr euch?

Wir haben uns im Februar 1966 das erste Mal getroffen, anlässlich einer Winterbegehung des „Pilastro" am Zweiten Südwandpfeiler der Tofana di Rozes. Ich kletterte mit Horst Fankhauser. Sepp Mayerl, mit dem ich oft unterwegs war und von dem ich sehr viel lernte, brachte noch zwei Freunde mit: Gernot Röhr und eben Reinhold Messner. Das war unsere erste gemeinsame Tour.

Bereits um die Mittagszeit war der berüchtigte „Götterquergang" erreicht.

Aber es ging dann gleich weiter, eine Woche später waren Horst und ich am Südpfeiler der Maukspitze und haben die zweite Winterbegehung gemacht. Wir waren da ja wie die Wilden. Anfang März stiegen wir in die Bonattiroute in der Matterhorn-Nordwand ein, Sepp Mayerl, Gernot Röhr, Reinhold und ich. Die Verhältnisse waren schlecht, es gab einen Wettersturz, wir mussten nach der „Traversata degli Angeli" einen abenteuerlichen Rückzug antreten.

In der Matterhorn-Nordwand

Wenn ihr damals so viel unterwegs wart, wie seid ihr denn jeweils hingekommen? Von Mayrhofen nach Zermatt, das ist doch kein Katzensprung.
Wir reisten fast immer mit dem Motorrad an. Zuerst fuhren wir zu zweit auf der Maschine von Horsts Vater, dann konnte ich die Puch 175 von meinem Nachbarn Hans Lottersberger nehmen. Aber die ging nur 80 Stundenkilometer – das ging dann ganz schön lang bis in die Dolomiten, auf der alten Bundesstraße, die Autobahn gab es damals noch nicht. Am schlimmsten war es, wenn es dann auch noch geregnet hat. Aber so waren wir wenigstens mobil. Das Motorrad war schon besser als das Fahrrad. Der Buhl musste noch bis zum Badile strampeln.

Ab 1966 hast du dann viele schwierige Routen mit Reinhold Messner begangen.
Ja, wir ergänzten uns perfekt, waren beide sicher und schnell. Es dauerte allerdings bis zum Sommer 1974, bis wir die Matterhorn-Nordwand ein zweites Mal versuchten, auf der Schmidführe. Der Fels war komplett vereist, dann

kam auch noch ein Gewitter. Aber wir haben es geschafft. In mein Tourenbuch schrieb ich damals: „Nur mit Reinhold lässt sich so etwas machen. Alle Partner, die ich jemals zuvor hatte, verblassen neben ihm."

In dieser Zeit habt ihr auch eure ersten Expeditionserfahrungen gemacht. 1969 wart ihr in den peruanischen Anden, in der Ostwand des Yerupaja, allerdings ohne Gipfelerfolg. Im Sommer 1975 seid ihr dann zu eurer ersten Himalaja-Expedition mit dem Ziel Hidden Peak aufgebrochen. Wie entstand diese Idee?
Reinhold hatte damals Kontakt mit Walter Bonatti. Dessen Erstbesteigung des Gasherbrum IV zusammen mit Carlo Mauri hatte ihn sehr beeindruckt. Die war 1958. Und 1957 am Broad Peak, das war ja auch nur eine vierköpfige Expedition: Buhl, Schmuck, Wintersteller und Diemberger. Das war dann in unseren Köpfen: ein Achttausender zu zweit. Und das haben wir dann durchgezogen. Wir haben einfach gewusst, dass wir etwas Neues tun wollen. Mit sieben oder acht Trägern marschierten wir ins Basislager, entlohnten sie, die liefen dann wieder zurück, und wir haben diese sehr elegante Geschichte am Hidden Peak gemacht.

Etwas Neues – damit meinst du den Alpinstil an den Achttausendern?
Ja, Alpinstil in einer Zweiermannschaft. Wir haben alles, was wir in der Nordwestwand des Hidden Peak gebraucht haben, vom Basislager mitgenommen und haben zwischen 6000 und 6100 Metern unser Lager 1 aufgestellt, direkt am Fuß dieser großen, sehr steilen Flanke, die praktisch bis zum Gipfel hinaufzieht. Es war klar, dass wir in dieser Flanke nicht sichern konnten, wir mussten sie seilfrei durchsteigen. Mit einem weiteren Zwischenlager auf 7100 Metern zogen wir dann zum Gipfel, in einer atemberaubenden Ausgesetztheit. In dieser Flanke pfeift es hinunter; wenn du da fliegst, bist du hin. Und wir hatten ja doch einiges im Rucksack: Zelt, Schlafsäcke, Kocher, Proviant, ein 20-Meter-Seil für den Notfall. Oben war es windstill, herrlichstes Wetter, gar nicht mal so kalt, vielleicht hatte es 12, 13 Grad minus, und ich saß da auf meinem ersten Himalaja-Gipfel und war einfach wahnsinnig beeindruckt.

Absteigen musstet ihr dann auch wieder über diese steile Flanke?
Von 8000 bis auf 6000 Meter hinunter mussten wir fast alles mit dem Gesicht zur Wand absteigen. Die Flanke war vielleicht 48, 50 Grad steil. Ich habe dann

Peter Habeler am Gipfel des Hidden Peak, im Hintergrund der Masherbrum

Reinhold Messner in der steilen Nordwestwand des Hidden Peak

allerdings den Reinhold noch erschreckt – mir war mein Rucksack zu schwer, und weil die Flanke nach unten auf den Gletscher flach auslief, habe ich ihn einfach hinunterrutschen lassen. Reinhold war weit unter mir, außerhalb der Falllinie des Rucksacks, aber trotzdem ist er im ersten Moment erschrocken, weil er dachte, ich sei gestürzt. Unten konnte ich den Rucksack unversehrt wieder aufsetzen.

Ihr seid dann in einem Zug bis ins Lager 1 abgestiegen und wart am nächsten Tag wieder im Basislager. Vier Tage für einen Achttausender – wirklich eine elegante Geschichte.

Ich bin davon ausgegangen, dass wir das schaffen. Ich war sehr motiviert. Und abgesehen von meinen Migräneanfällen in Skardu und im Lager 1 ging es mir ausgezeichnet. Auch Reinhold war in Bestform, außerdem hatte er schon die Erfahrung vom Nanga Parbat und vom Manaslu. Nach unserem Erfolg am Hidden Peak lag es nahe, weitere Achttausender zu besteigen, und Reinhold schlug für 1977 den Dhaulagiri vor.

Warum seid ihr am Dhaulagiri gescheitert?

Das hatte mehrere Gründe. Zum einen das Wetter: Es schneite dauernd, die Verhältnisse waren schlecht. Außerdem hat unser Viererteam mit Otto Wiedmann und Mike Covington nicht ganz harmoniert. Für eine Wand wie die Dhaulagiri-Südwand, die mehr als 4000 Meter hoch ist, muss alles optimal stimmen. Sie wurde erst 1999, mehr als 20 Jahre nach uns, von Tomaž Humar erstbegangen.

Humar hat dem Alpinstil noch eins draufgesetzt, indem er allein ging. Reinhold Messner und du, ihr wart frühe Anhänger des Alpinstils im Himalaja. War das damals schon Strategie? Oder hat sich das einfach aus der Not ergeben, weil ihr euch eine große Expedition mit all diesem Aufwand an Organisation und Trägern gar nicht leisten konntet?

Das war schon Strategie. Wir wollten aus zweierlei Gründen klein bleiben. Erstens ist die Organisation bei einer kleinen Mannschaft leichter und zweitens die menschliche Seite unproblematischer. Wenn du dir die großen Expeditionen aus den Sechziger- und Siebzigerjahren anschaust, bei denen gab es doch fast jedes Mal Zores. Der eine will das, und der andere will das nicht, und der Dritte will überhaupt nicht, und der Vierte möchte es in einem Tag machen. Wir haben uns gesagt: Wir sind zwei, wir sind beide eigenständig, wir sind gut. Wir haben die Möglichkeit, diese hohen Berge zu besteigen, und zwar ohne Sauerstoff. Wir wussten, dass wir uns gegenseitig total aufeinander verlassen können. Die Kleinstexpedition mit Partnern, die ich gut kenne, hat sich als das am besten Machbare gezeigt. Nach dem Everest war ich nur noch in Kleinstexpeditionen unterwegs – außer 1984 am K2, und da hat es auch nicht funktioniert. Eine kleine Expedition ist schlagkräftig, aber die Teilnehmer müssen natürlich harmonieren.

Wieder zurück im Basislager – die Besteigung des Hidden Peak war einer der größten Erfolge von Peter Habeler und Reinhold Messner.

Am Everest wart ihr aber in eine größere Expedition eingebunden?

Ja, denn so schnell hätten wir für ihn gar keine Genehmigung bekommen. Deswegen schlossen wir uns einer bereits genehmigten Expedition an, der des

Allen Zweifeln zum Trotz: Am 8. Mai 1978 wird der Gipfel des höchsten Berges der Welt erstmals ohne künstlichen Sauerstoff erreicht.

Österreichischen Alpenvereins. Reinhold kannte Wolfgang Nairz, den Leiter, gut, mit ihm war er 1972 am Manaslu gewesen. Reinhold war auch die treibende Kraft bei der Everest-Besteigung ohne Sauerstoff, er war der Stratege. Und er wusste, in mir hat er einen kongenialen Partner, der mitmacht.

Der aber nicht nur „mitmachte", sondern, nachdem er seine Zweifel überwunden hatte, genauso zum Gipfel wollte wie er.

Genau. Ich war mir aber bis zum Südgipfel nicht sicher, ob wir es schaffen würden oder nicht. Es war neblig, es hat geweht, und vor allem mussten wir wahnsinnig viel spuren. Das Spuren war die Hölle. Wenn du bei jedem Schritt in diesem windgepressten Schnee bis zum Knie einbrichst, das kostet unheimlich viel Kraft. Vom Südgipfel an war ich dann überzeugt, ja, jetzt werden wir es machen. Reinhold kletterte den Hillary Step als Erster, weil er von oben filmen wollte. Der Grat ist steil, ausgesetzt, es geht sowohl nach Südwesten steil hinunter als auch nach Osten, auf die Kangshungseite. Das sind fast 3000 Meter bis auf den Kangshunggletscher. Wenn du da ausrutschst, bist du weg, und deinen Partner ziehst du mit.

Zu der Zeit war der Hillary Step ja nicht versichert – ihr seid also in Seilschaft geklettert und habt euch gegenseitig gesichert?

Nein, wir waren mit dem Seil verbunden und sind gleichzeitig gegangen. Wenn einer gefallen wäre, hätte der Zweite in die andere Seite des Grates springen müssen. Das wäre die einzige Rettung gewesen. Eine sehr theoretische. Heute ist das am Hillary Step kein Thema mehr, heute gehen da Fixseile hinauf, in die sich jeder einhängt. Wir hatten einen tief verschneiten Grat vor uns, wir wussten nicht, ob rechts eine Lawine abbricht oder links. Das war damals ganz anders. Kein einziges Fixseil. Nichts.

Deine Rutschpartie im Abstieg, Peter, war die wirklich so harmlos, wie du sie darstellst?
In meinen Augen war sie harmlos, weil es ein langsames, kontrolliertes Rutschen war, abgesehen vielleicht vom Schluss, als ich das letzte Stück mit dem kleinen Schneebrett hinaustransportiert wurde. Der Schneekeil, der sich zwischen meinen Beinen gebildet hatte, bremste mich. Ein Kind würde das vermutlich genauso machen.

War das eine bewusste Entscheidung oder eher etwas Instinktives?
Ich glaube, ich habe da ganz instinktiv gehandelt. Ich wollte so schnell wie möglich hinunter ins Lager, und auf diese Weise kam ich am schnellsten und am sichersten nach unten. Ich habe das in den Zillertaler Alpen auch manchmal so gemacht, habe mich einfach hingesetzt und bin langsam abgerutscht. Wichtig war nur, dass ich die Richtung zum Südsattel erwischte und nicht auf die Ostseite abdriftete, wo diese riesigen Mengen verfrachteten Schnees waren. Ich rutschte also in der Falllinie ab, stand auf, querte ein bisschen nach rechts, wo teilweise noch unsere Aufstiegsspuren sichtbar waren, setzte mich wieder hin, fuhr ein paar Meter ab, ging wieder Richtung Spur. Das war dieser einstündige Abstieg, der natürlich schon sehr schnell war.

Was hat euch die Sicherheit gegeben, dass ihr in dieser extremen Höhe ohne künstlichen Sauerstoff keine Schäden davontragen würdet?
Na ja, Sicherheit gab es da keine. Das waren ja genau unsere Bedenken: dass wir ohnmächtig werden, dass es irgendwo im Hirn einen Riegel umlegt und wir den Verstand verlieren. Das wusste man ja nicht, das mussten wir ausprobieren. Reinhold flog 1977, nach unserem Versuch am Dhaulagiri, mit dem Schweizer Piloten Emil Wick über den Everest, bis auf 9000 Meter hinauf, und setzte dabei keine Sauerstoffmaske auf. Das ging, und das machte uns Mut. Und wir wussten – Reinhold vom Nanga Parbat und vom Manaslu, ich vom Hidden Peak –, dass wir auch oberhalb von 8000 Metern noch Reserven hatten.

War der Everest der Beginn deiner Karriere, weil du durch diese Besteigung weltbekannt wurdest, oder war er ihr Höhepunkt?
Der Everest war noch lange nicht mein Höhepunkt. Am Everest war ich längst nicht so leistungsfähig wie bei meinen späteren Expeditionen. Aber natürlich verdanke ich ihm viel. Unsere Besteigung hat mir gezeigt, dass alle anderen Achttausender ohne Sauerstoff zu machen sind. Am Everest war ich durch die Ungewissheit noch gehandicapt, danach war ich freier. Er hat mir sozusagen die Angst vor weiteren Achttausender-Besteigungen genommen. Auf der anderen Seite hat er meine Karriere, wenn man das so sagen will, für etwa sechs Jahre unterbrochen. Ich war bis 1984 auf keinem Achttausender mehr. Ich habe sehr viele Vorträge gehalten, ich habe mein Buch „Der einsame Sieg" geschrieben, ich habe meine Alpinschule ausgebaut, mein privates Leben orientiert – habe ein Haus gebaut, war für die Familie da. Reinhold machte nach dem Everest sofort weiter, nutzte seine gute Akklimatisation, um im gleichen Sommer den Alleingang am Nanga Parbat zu machen. Und hatte im Jahr 1986 alle 14 Achttausender bestiegen.

Du dagegen hast das Publikumsinteresse nach eurer Besteigung ohne Sauerstoff genutzt, um mit deinen Vorträgen und dem Buch Geld zu verdienen.
Da darf man natürlich nicht vergessen, dass ich in relativ armen Verhältnissen aufgewachsen bin. Das Geld, das ich verdiente, steckte ich in Alpinausrüstung und Expeditionen. Mein Familienleben mit Regina und Christian begann in einer kleinen Wohnung mit einem Zimmer und einer Wohnküche. Ich habe doch nie geglaubt, dass ich einmal in der Lage bin, in Finkenberg ein Haus zu bauen. Das war dann eben auch wichtig für mich, und das hat der Everest ermöglicht. Ein Haus bauen, einen Buben haben wir, einen Baum pflanzen. Das sind doch letzten Endes wichtigere Dinge als das Bergsteigen. Man macht sich ja auch über die Zukunft Gedanken. Die Nachfrage war da, und ich habe den Leuten gern meine Bilder gezeigt und von unseren Erfahrungen berichtet.

Du bist 1990 noch einmal an den Everest gefahren und hast den Nordgrat probiert. Du warst 2000 mit der Amerikanerin Christine Boskoff auf der Südseite. Was war deine Motivation?
1990 wurde ich von amerikanischen Freunden gebeten, Klienten über die Nordseite auf den Everest zu führen. Schon beim Anmarsch über den Rongbukgletscher stellte sich heraus, dass sie völlig überfordert waren. Wir Berg-

führer konnten dann schlecht allein die Route machen und die Klienten im Basislager lassen, also brachen wir ab. 2000 war das anders, da wollte ich an meine alten Expeditionen anknüpfen, wollte es vielleicht auch einfach „noch mal wissen". Nach dem Tod von Scott Fischer während der Everest-Tragödie von 1996 hatte Chris Boskoff dessen Unternehmen Mountain Madness übernommen. Weil eine kommerzielle Expedition zum Everest geplant war, lag es nahe, dass Chris und ich uns anschlossen, um den Gipfel ohne Sauerstoff zu besteigen. Ich hatte im Vorfeld viel trainiert und war gut drauf. Aber wir haben uns wohl durch zu häufiges Auf- und Absteigen beide überfordert. Zuerst wurde Chris krank, hatte ein schweres Höhenlungenödem, und dann hat es mich noch mit einer Lungenentzündung erwischt. Sie erholte sich dann so weit, dass sie zum Gipfel gehen konnte, allerdings mit Sauerstoff. Ich hatte da schon Abstand genommen von einer Besteigung. Ich atmete nicht gut, und Sauerstoff kam für mich nicht in Frage.

Christine Boskoff kam im Dezember 2006 im chinesischen Himalaja ums Leben, zusammen mit ihrem Partner Charlie Fowler. Vermutlich wurden die beiden von einer Lawine verschüttet; bisher wurde nur seine Leiche gefunden. Wie geht es dir, wenn du solche Nachrichten hörst?
Es tut mir furchtbar leid, dass sie gestorben ist. Chris war eine tolle Bergsteigerin, sie hat sich immer wieder überwunden, sprang immer wieder über einen neuen Zaun, suchte sich wieder neue Herausforderungen. Sie hatte einen unwahrscheinlichen Ehrgeiz; vielleicht auch, um sich mit ihren Besteigungen einen Namen zu machen, um letztendlich ihr Geschäft zu pushen. Vielleicht ist ihr das zum Verhängnis geworden.

Nun war Chris ja nicht die Erste aus deinem Freundeskreis, die beim Bergsteigen ums Leben kam. Im Lauf deines Lebens warst du immer wieder damit konfrontiert, dass Leute, die du mal mehr, mal weniger gut kanntest, tödlich verunglückten. Was löst das aus in dir?
So eine Nachricht löst natürlich erst einmal Betroffenheit aus. Du denkst an die Zeit zurück, an die schönen Momente, die du mit dieser Person verbracht hast. Aber ansonsten ändert es dich nicht. Du hörst deshalb nicht auf bergzusteigen, du gehst deshalb nicht weniger schwere Routen. Ich stelle mir halt vor, die Leute sitzen da oben irgendwo alle beieinander auf einer Wolke und lachen uns aus, weil wir da weiß Gott wie herumteufeln. Für mich sind sie ir-

Peter Habeler mit Christine Boskoff vor dem Start zum Südsattel des Mount Everest

gendwo noch vorhanden, und sei es nur in meiner Erinnerung. Die Chris ist irgendwo vorhanden, der Marcel Rüedi, all jene, die durch dieses oder jenes Ereignis umgekommen sind. Ich persönlich glaube, dass es diesen Leuten gut geht. Ich kann das für mich so sagen.

Und du musst dein eigenes Tun deshalb nicht hinterfragen?

Nein, das tue ich mit Sicherheit nicht. Natürlich trifft es mich, wenn wieder so eine Sache passiert wie mit Markus Kronthaler am Broad Peak oder wie mit Andi Orgler, der mit seinem Drachen tödlich abstürzte. Wenn ich Drachenflieger wäre, würde ich in der Folge sicherlich mein Gerät noch genauer checken, würde eruieren, was die Ursache dieses Unfalls war. Bei einem Kletterunfall würde man untersuchen, warum die Sicherungskette versagt hat. Mit Lawinenunfällen befasse ich mich sowieso intensiv, da bin ich als Bergführer immer noch sehr stark gefordert. Aber ich höre deswegen nicht auf, Skitouren zu gehen oder zu klettern. Das stelle ich nicht in Frage. Gut, mittlerweile mache ich natürlich auch keine so extremen Sachen mehr, aber auch früher habe ich das nie in Frage gestellt. Mit dem Tod muss man leben.

Wenn du dir die Situation am Everest heute vergegenwärtigst: Was hat sich gegenüber früher verändert? Und wie kritisch siehst du diese Veränderungen?
Heute steigt ja kein Mensch auf den Everest, bevor er nicht von 6400 Meter bis auf 8850 Meter hinauf versichert ist. Der ganze Berg voller Fixseile, ob vom Nordsattel oder vom Südsattel, bis zum letzten Meter! Wenn dann das Wetter stimmt, der Wind sich gelegt hat, marschieren 20 oder 30 Leute mit ihren Sauerstoffflaschen auf den Gipfel. Fast 500 Bergsteiger waren im Jahr 2006 auf dem Everest, mittlerweile ist er mehr als 3000 Mal bestiegen worden. Das Timing ist mittlerweile anders, sie gehen am Abend weg, damit sie am nächsten Morgen oben sind und den ganzen Tag für den Abstieg haben. Sie gehen natürlich auch viel langsamer als wir damals, der Reinhold und ich, obwohl sie Sauerstoff haben. Nicht alle, die zum Everest gehen, sind Bergsteiger.

Manche haben auch einfach Geld.
Ja, sicher, aber okay, es ist nun mal der höchste Berg der Welt, und sie bilden sich ein, dass sie da hinaufwollen. Sollen sie das machen. Nur hat es mit Bergsteigen nicht mehr viel zu tun. Das, was heute am Everest passiert, passiert eigentlich auf keinem anderen Achttausender, vielleicht noch am Cho Oyu, der als leichtester Achttausender gilt und auch von sehr vielen Leuten angegangen wird. Der Stellenwert einer Everest-Besteigung ist nicht mehr mit früher zu vergleichen. Und wenn jemand behauptet, er hätte einen Alleingang am Everest gemacht – mag sein, dass er ohne Partner unterwegs war, aber er hatte nach wie vor die Fixseile. Dabei gäbe es noch genug Routen, die alpinistisch interessant wären: die Nordwand, den West Buttress, die Südwestwand, die Kangshungwand. Aber so, wie sich jetzt die Everest-Geschichte darstellt, ist sie eigentlich für Bergsteiger nicht mehr interessant.

Als Leiter deiner eigenen Bergschule bist du nun allerdings selbst ein kommerzieller Anbieter.
Das stimmt, wobei es sich bei meinen Nepal-Angeboten um Trekkingtouren handelt, bei denen wir, wenn die Bedingungen stimmen, im äußersten Fall einen Sechstausender besteigen. Ich sehe mich sicherlich nicht als Anbieter von Achttausendern. Aber umgekehrt lehne ich kommerzielle Expeditionen auch

nicht rigoros ab. Ich bin zum Beispiel nicht dafür, dass Quoten eingeführt werden, damit nur noch eine bestimmte Anzahl von Leuten zu einem Gipfel aufbrechen darf.

Steckt hinter der Ablehnung von kommerziellen Expeditionen eigentlich nicht auch eine ziemlich elitäre Haltung? Etwa überspitzt ausgedrückt: Wenn jemand gut genug ist, das heißt aber auch, genug Geld hat, um quasi hauptberuflich bergsteigen zu können, genug Zeit hat, um zu trainieren und so gut zu werden, der darf dann in den Himalaja? Alle anderen sind dessen nicht „würdig"?
Das sehe ich nicht so eng. Ich kann das gar nicht so eng sehen, denn ich bin Bergführer und werde unter anderem dafür bezahlt, Leute auf Trekking Peaks im Himalaja zu führen. Da habe ich auch ab und zu mal jemanden dabei, der dem Ganzen – der Höhe, der Anstrengung, den Umständen wie Übernachten im Zelt – nicht ganz gewachsen ist. Da muss man halt dann versuchen, eine Lösung zu finden. Letzten Endes geht es doch darum, den Menschen auf ihrem jeweiligen Niveau ein intensives Erlebnis zu ermöglichen.

Der Reiz des Expeditionsbergsteigens ist für dich also weiterhin gegeben?
Unbedingt. Was ich mir vorstellen könnte, wäre, mit einer kleinen Gruppe von erfahrenen Bergsteigern aus meinem Freundeskreis noch einmal an einen niedrigen Achttausender zu gehen. Also keine allgemein ausgeschriebene Tour, nicht mit klassischen „Kunden", sondern mit Leuten, die selbst einen großen Teil Eigenverantwortung einbringen. Ich bin Bergführer. Erstens lebe ich davon, zweitens macht es mir Freude, anderen Menschen die Möglichkeit zu bieten, auf einen Gipfel zu kommen, etwas zu erreichen, was sie allein nicht erreichen würden. Ich bin immer noch mit Leib und Seele Bergführer.

DIE OSTWAND DER ROFANSPITZE MIT HIAS REBITSCH

Ende der Sechzigerjahre, mit Mitte 20 – ich hatte schon das Glück gehabt, in der „großen Kletterwelt“, im Karwendel und in den Dolomiten, ein wenig herumzuschnuppern –, nützte ich einen herrlichen Herbsttag, um im Rofan zu wandern. Ohne ein konkretes Ziel bummelte ich zum Zireiner See und weiter in Richtung Rofanspitze. Vorsichtshalber, man weiß ja nie, hatte ich aber doch ein 30 Meter langes Seil und meine Kletterausrüstung mitgenommen, falls mich die Lust überkommen sollte, in irgendeine Wand einzusteigen. Um einige Gämsen, die am Marchgatterl herumtollten, machte ich einen Bogen und fand mich plötzlich am Einstieg der Rofan-Ostwand wieder. Ein wirklicher Klassiker: Ernst Schmid, der „Rofan-Papst“, hatte diese Route im vierten Grad erstbegangen.

Schöne Erinnerungen wurden in mir wach. Eigentlich hatte mein wirklich extremes Felsklettern im Rofan begonnen. Ich war Schüler der Glasfachschule Kramsach – ein idealer Ausgangspunkt für Touren in dieser überschaubaren Gebirgsgruppe östlich des Karwendels. Mit Kollegen stieg ich in jenen Jahren beinahe jedes Wochenende im Frühsommer und Herbst zur Bayreuther Hütte hinauf, zur Lisi und zum Fritz, und tags darauf trieben wir uns in irgendwelchen Routen herum. Eine herrliche, unbeschwerte Zeit unter gleich gesinnten Freunden. Einige Male war damals ein älterer, sympathischer Mann mit dabei, eben besagter Ernst Schmid. Er war an der Erschließung vieler Routen im Rofan maßgeblich beteiligt gewesen, hatte alle damals wichtigen Wände erstbegangen und freute sich immer wieder, wenn er unsere Leidenschaft für „seine“ Wände spürte. Ernst gehörte der Generation vor Hermann Buhl und Mathias Rebitsch an, die ja ebenfalls ihre ersten Kletterlorbeeren im Rofan geerntet hatten. Die Routen von Buhl oder auch jene von Rebitsch wur-

den mit dem damals höchsten Schwierigkeitsgrad bewertet, galten als „obere Sechser“.
Ich hatte das Glück, zwei dieser schweren Anstiege als Zweitbegehung machen zu können: das Buhldach an der Nordseite des Rofanstocks und die Dachverschneidung am Sagzahn, ebenfalls eine Route von Buhl. Beim Buhldach war Hansjörg Stops aus Rattenberg mein Partner gewesen. Als ich nun so am Einstieg zur Ostwand der Rofanspitze saß, erinnerte ich mich mit Grauen an den Wolkenbruch, der einsetzte, als ich an jenem 13. Oktober 1962 versuchte, den äußerst schwierigen Quergang oberhalb des riesigen Dachs anzugehen. Hansjörg saß eingeklemmt in einer winzigen Nische etwa zwei Meter unter mir. Ich musste von einem wackligen Haken, den Buhl 1947 mit Sicherheit bloß mit dem Daumen hineingedrückt hatte, nach links weg über eine Platte und traute mich einfach nicht. Ich hatte einfach nur Angst.
Mir war klar: Würde ich jetzt stürzen, würde ich nirgendwo anschlagen, sondern 40 Meter unter diesem 15 Meter ausladenden Riesendach hängen. Aber hätte ich dann noch die Kraft, wieder zurück zum Stand zu prusiken? Wie bei vielen anderen gefährlichen Unternehmungen, wenn die Situation wirklich aussichtslos erschien und ich einfach nicht mehr wusste, wie es weitergehen soll, kam von irgendwoher eine unterstützende Kraft. Fast meinte ich, eine Stimme zu hören, die mir sagte: „Tu es, es wird gut ausgehen.“ Und es ging gut aus. Irgendwie schwindelte ich mich über die glitschige Platte, erreichte einen „Bombenhaken“, und nach sechs Stunden lag der Spuk hinter uns. In mein Tourenbuch schrieb ich dazu: „Kurz oberhalb des Hakens ist ein kleines Zapfl mit Platz für drei Finger. Von diesem Zapfl Querung (5 Meter) nach links aufwärts zu Haken, über eine fast griff- und trittlose Platte. Oberer VI. Grad, schwerste Stelle, auch gefährlichste.“
Während ich am Einstieg saß und meinen Erinnerungen nachhing, hatten sich unbemerkt zwei ältere Herren in kurzen weißen Hosen und mit Skistöcken dem Wandfuß genähert und schauten zu mir her. Der kleinere von beiden sagte plötzlich: „Du bisch der Habeler.“ Ich bejahte, und schnell kam meine Gegenfrage: „Und du bisch der Hias?“ – „Ja“, sagte sein Begleiter, „des isch der Rebitsch.“
Das war der Anfang einer langjährigen, herzlichen Freundschaft mit einem Menschen, den ich über alle Maßen schätzte, nicht nur wegen seines unglaublichen Könnens in Fels und Eis und seiner unzähligen Erstbegehungen. Besonders gefielen mir sein hintergründiger und doch feiner Humor und seine nette Art des Erzählens. Ich habe selten jemanden derart spannend erzählen gehört.

Wir plauderten ein bisschen, und plötzlich fragte Hias, der zu diesem Zeitpunkt in seinen späten Fünfzigern war: „Was tuesch denn iatz?“ Meine Antwort: „I woas nit, i bin grod a bissl spaziern gangn.“ Da schlug er vor: „Gemma 's Ostwandl, nimmsch mi mit?“ Und ob ich ihn mitnehmen würde. Etwas nervös holte ich das Seil aus dem Rucksack, hatte aber nur einen Klettergürtel dabei, den ich Hias anbot. „Brauch i nit, i soal mi umen Bauch an“, war seine kurze Antwort. Gesagt, getan.
Hias hatte weiße Tennisschuhe an. Ich traute mich aber nicht zu fragen, ob er Kletterpatschen mit dabeihätte. Deswegen wechselte auch ich meine Schuhe nicht, obwohl ich ganz tolle neue Kletterschuhe im Rucksack hatte. Irgendwie, so dachte ich, musste ich mich ja dem Hias anpassen. Rudi Olbrich aus Schwaz, Rebitschs bester Freund, der mit ihm häufig Wanderungen im Rofan und im Karwendel unternahm und sich auch in schlechten Zeiten rührend um ihn kümmerte, freute sich mit uns, als wir einstiegen.
Ich bemühte mich, so elegant wie möglich zu klettern. Die ungewohnt steifen Bergschuhe machte mir dennoch zu schaffen, und ich hoffte, dass Hias nicht so genau hinschaute. Die Ostwand ist ein schöner Anstieg, Dreier-Stellen mit guten, festen Griffen, teilweise steckt man in Rissen. Die Schlüsselstelle, ein kurzer Drei-Meter-Quergang über eine glatte Platte, hatten wir gleich hinter uns. Dann folgte der obere Teil, grasdurchsetzter Fels. Haken gab es genug. Ich war fasziniert, wie gut Rebitsch ging. Er kletterte schnell und mit einer Behändigkeit, die nicht nur für sein Alter außergewöhnlich war. Kein einziger Moment der Unsicherheit; es war herrlich, ihm zuzuschauen.
Kurz unterhalb des Ausstiegs – ich bemühte mich, tunlichst nicht die Grasbüschel als Griff zu benützen – hörte ich Hias' Stimme: „Früher hamma a des Gras hergnomma, des hebt ja, oder?“ Wir lachten beide. Meine Freude war unbändig. Wer in meiner Generation hatte denn schon dieses Glück, einmal mit Hias Rebitsch im Fels unterwegs zu sein?
Das dicke Ende kam erst, als wir nach einer guten Stunde im Gras oberhalb unseres „Ostwandls“ saßen. „Peda, is dir heit nix aufgfalln, wegen meine Tennispatschn?“ – „Na, Hias, warum aa, du bisch ja super gangen!“, war meine Antwort. Da sah ich erst, was los war: Seine Tennisschuhe waren alt, und durch den Abrieb während des Kletterns hatte sich der poröse Gummi auf der Sohle völlig abgelöst. Er war auf einem „Kugellager“ geklettert – und mir war das überhaupt nicht aufgefallen. Jetzt war ich doppelt froh, dass ich meine nagelneuen Kletterpatschen im Rucksack gelassen hatte.

„DU BRAUCHST SOLCHE LEUTE, DIE MEHR VON DIR HALTEN, ALS DU EIGENTLICH KANNST – DANN WÄCHST DU ÜBER DICH SELBST HINAUS"

Du hast Mathias Rebitsch bei eurer Durchsteigung der Rofan-Ostwand das erste Mal persönlich getroffen. Aber ein Begriff war er dir bereits vorher?
Dem Namen nach habe ich ihn natürlich schon gekannt. Der Hias war einer der führenden Bergsteiger in den Vierzigerjahren. Es hat einige Leute gegeben, die gut klettern konnten, aber er war einer der Besten. Er war mit seinen Erstbesteigungen in den Laliderer Wänden, im Wilden Kaiser oder im Rofan derjenige, der neue Maßstäbe gesetzt hat. Der Hias war im Gebirge außergewöhnlich gut. Er war aber auch sehr humorvoll, sehr herzlich und vor allem redegewandt. Ich habe ihn wirklich gern gemocht.

Nach dieser gemeinsamen Tour habt ihr euch öfter getroffen?
Ja, daraus hat sich dann eine Freundschaft entwickelt.

Seid ihr auch noch zusammen geklettert?
Nein, wenn wir im Gebirge waren, sind wir eher gewandert. Einmal habe ich ihn nach Grindelwald mitgenommen, zum 50-Jahr-Jubiläum der Erstdurchsteigung der Eiger-Nordwand. Der Hias mit seinem Wissen war ja maßgeblich daran beteiligt, dass 1938 Heckmair, Vörg, Harrer und Kasparek die Wand machen konnten.

Er war im Jahr davor mit Ludwig Vörg in der Wand. Nach einem Wettersturz mussten sie oberhalb des Todesbiwaks den Rückzug antreten.
Und 1938 war er dann nicht dabei, weil er auf Expedition ging, zum Nanga Parbat. Aber er war derjenige, der die Eiger-Nordwand genau gekannt hat, der auch die Eigenheiten der Wand gekannt hat. Er wusste, da muss man klettern, aber da ist durch die eingelagerten Eisfelder auch viel Eiskletterei dabei. Deswegen nahmen Heckmair und Vörg zwölfzackige Steigeisen mit, durch die sie die Eisfelder schnell und sicher hinter sich brachten. Aus Rebitschs Nachlass

habe ich tolle Schwarz-Weiß-Aufnahmen aus der Eiger-Nordwand erhalten.

Sind das die Bilder, die Ludwig Vörg gemacht hat?
Das nehme ich an, denn der Hias ist abgebildet. Die Qualität ist natürlich mäßig, das Wetter war ja auch schlecht. Sonst wären sie nicht zurückgegangen.

Damals, im August 1937, waren sie überhaupt die Ersten, die aus dem zentralen Wandteil lebendig zurückkamen. Alle anderen …
… sind gestorben. Sedlmayr ist gestorben und Mehringer und wie sie alle hießen. Angerer, Rainer, der Hinterstoißer und der Kurz – alle sind sie gestorben. Hias hat mir später selbst erzählt, wie sie 1937 ein paar Tage vor dem eigentlichen Versuch schon einmal aufgebrochen waren und eine Leiche fanden.

Hias Rebitsch im Ersten Eisfeld der Eiger-Nordwand

Andreas Hinterstoißer.
Genau, den fanden sie am Wandfuß. Sie wollten den Toten nicht liegen lassen und haben ihn hinuntergebracht, anstatt einzusteigen. Das hat Hias natürlich schon nachdenklich gemacht. Er war ja eigentlich nicht unbedingt ein harter Typ. Er hatte eben auch eine weiche, nachdenkliche Seite. Was mir an Rebitsch imponierte, war, was er alles gemacht hatte. Und dass er Hirn und Humor hatte. Als es ihm später gesundheitlich nicht mehr so gut ging, kam er öfter zu uns ins Zillertal. Wir fuhren in die Seitentäler hinein, in die Floite oder in den Zillergrund, und Hias erzählte von seinen früheren Begehungen und Lausbubenstreichen. Immer wieder sagte er: Mensch, da oben war ich auch einmal. Er hatte ja fast alle Routen im Zillertal wiederholt.

Hias Rebitsch im „Schwierigen Riss" der Eiger-Nordwand

Von wo war er denn?

Er war ein Brixlegger. In Innsbruck studierte er, Chemie, später machte er auch Forschungsfahrten in die Anden und schrieb ein schönes Buch darüber, „Die silbernen Götter des Cerro Gallan". Er lebte in Innsbruck und war eigentlich immer alleinstehend. Er war einfach ein außergewöhnlich netter, angenehmer, lustiger Gesprächspartner. Mit dem Hias wurde dir nie langweilig. Auf der Anfahrt zu diesem Eiger-Jubiläum, wir sind über den Arlberg gefahren, erzählte er mir, dass er da und da oben war, nur die Namen hat er nicht mehr gewusst. Er hatte so viel gemacht. Er war ja auch in Chamonix.

Er war ein richtiges Vorbild für dich.
Ja. Der Hias hat einen höheren Stellenwert gehabt als alle anderen. Wobei ich auch Hermann Buhl, den ich ja leider nicht mehr kennengelernt habe, bewunderte, aber irgendwie war ich näher beim Rebitsch – einfach weil ich ihn kannte.

Wie war dein Verhältnis zu Ernst Schmid?
Der Ernst war eben die Generation vor dem Rebitsch. Rebitsch und Buhl waren sich näher, standen auch in einer gewissen Konkurrenz zueinander. Buhl war in den späten Vierzigerjahren der junge, aufstrebende Star. Ernst Schmid war schon auch ein ähnliches Kaliber, aber natürlich nicht so gefinkelt wie später ein Rebitsch. Bei ihm reden wir vom dritten und vierten, auch mal vom fünften Schwierigkeitsgrad. Allerdings in der Rosskopf-Nordwand, die Ernst Schmid erstbegangen hat, auch schon vom sechsten Grad. Aber zwischen einem Schmid-Sechser und einem Rebitsch-Sechser gibt es dann doch leichte Unterschiede. Der Ernst war auch deshalb für mich interessant, weil er mit dem Fiechtl kletterte. Hans Fiechtl war ein Münsterer, vom Ausgang des Zillertals. Den Fiechtl habe ich auch sehr geschätzt.

Aber nicht mehr erlebt.
Nein, er ist ja schon 1925 abgestürzt, unter mysteriösen Umständen im Sockeldurchstieg am Totenkirchl, den er im Jahr zuvor erstbegangen hatte. Da hat man gemunkelt, dass er mit der Frau eines Gastes ein Verhältnis hatte und dass der ihn dann vom Seil abgeschnitten hätte. Wie dem auch sei – das waren ganz interessante Burschen. Der Fiechtl hat bei uns im Zillertal sehr schwere Erstbegehungen gemacht, die kaum wiederholt wurden.

Zum Beispiel?
Er war der erste Bergführer im Zillertal, der wirklich extreme Touren kletterte. Vorher waren schon auch Leute unterwegs, die von mir aus den Normalweg auf den Löffler, auf den Möseler oder auf den Feldkopf gingen. Aber der Fiechtl suchte sich dann die ganz schweren Sachen. Auf der Ostseite des Mörchners machte er eine Erstbegehung, die nie wiederholt wurde. Er hat 1911 die Feldkopf-Ostnordostkante erstbegangen, er hat die Feldkopf-Nordostwand erstbegangen, eine ganz seriöse Tour, schwer, vor allem gefährlich, weil sie so brüchig ist. Und unzählige weitere.

Peter Habeler mit dem „Rofan-Papst" Ernst Schmid

Im Kaiser war er ja auch sehr aktiv.

Zum Beispiel machte er mit dem Dülfer die Westwand am Predigtstuhl. Hans Dülfer war vielleicht ein bisschen der feinere Typ. Und später dann die „Fiechtl/Weinberger" auf den Nordgipfel des Predigtstuhls. Alles schwere Freikletterrouten. Er hatte sehr viel Kraft. Und wenn es irgendwann einmal nicht ging, zog er kurz seine Schnapsflasche heraus und machte wieder weiter.

Jetzt aber nochmals zurück zu Ernst Schmid. Ihr habt dieselbe Leidenschaft geteilt?

In der Zeit, als wir im Rofan zu klettern begannen, in den späten Fünfzigerjahren, Anfang der Sechziger, war er immer dort anzutreffen. Er konnte damals natürlich nicht mehr klettern, dafür war er schon zu alt. Er war schwer geworden, hat gut gegessen, mochte auch ein Glasl Roten nicht ungern. Er war ein Sir, das muss ich dazusagen. Er schaute uns einfach zu und zeigte uns die Routen. Ich kann mich noch gut erinnern, wie der Ernst Schmid einmal mit mir – und ich weiß nicht mehr, wer alles dabei war, wahrscheinlich die ganze Crew von der Glasfachschule –, wie wir unterhalb dieser ganzen Wände herumgingen, von der Rofan-Ostwand beginnend bis hinüber zum Sagzahn, und er zeigte uns jeden Einstieg und erzählte von seinen Routen und seinen Begehungen. Das war herrlich. Auch die Abende mit ihm auf der Bayreuther Hütte genossen wir, wenn er ins Reden kam, uns aber auch an seinem klettertechnischen Wissen teilhaben ließ. Ich weiß noch, dass er einmal erwähnte, dass er bei einer Erstbegehung als Seilerster ausrutschte. Das war an der Ostseite des Sagzahns, in einem Dreier, die ganze Seilschaft stürzte ab, und alle – und das glaube ich dem Ernst, der Ernst hat nicht geflunkert – hingen sie noch an einem Haken. Irgendwie rappelten sie sich halt wieder zusammen, sie waren zum Teil verletzt, und seilten dann ab. Da sperrten wir natürlich als junge Burschen die Ohren auf und machten uns unsere eigenen Gedanken.

Wegen seiner vielen Erstbegehungen hieß er „Rofan-Papst"?

Deswegen Rofan-Papst. Wie gesagt, die Rofan-Ostwand, dann machte er mit dem Franz Nieberl die Nieberlschlucht. Zu seinen schwersten Erstbegehungen gehört die Rosskopf-Nordwand und, gemeinsam mit Fiechtl, das „Ypsilon" in der Seekarl-Nordwand. Das war ein lange nicht lösbares Problem, ein nach außen hin offener Riss. Und er legte auch eine wunderschöne Route durch den Rofanturm. Er war da oben einfach zu Hause. Ernst war von Beruf Fahrdienstleiter in Brixlegg. Das hat er immer so nett erzählt, dass er halt hie und da, wenn sie biwakieren mussten, weil sie nicht rechtzeitig hinunterkamen, in der Früh ganz schnell zum Bahnhof nach Brixlegg hinunterlaufen musste, damit er die Züge wieder einweisen konnte.

Zusammen mit ihm geklettert bist du nie.

Nein, mit ihm nie. Aber er hat sehr viel in uns bewegt und hat uns darin bestärkt, dass das Klettern einfach eine bärige Geschichte ist. Und das ist schon wichtig. Er war, genau wie Hias Rebitsch, ein ganz hervorragender Motivator. Du brauchst solche Leute, die mehr in dir sehen, als du vielleicht sogar bist. Die mehr von dir halten, als du eigentlich kannst – dann wächst du über dich selbst hinaus.

Namen wie Riccardo Cassin oder Walter Bonatti waren dir damals aber auch ein Begriff.

Natürlich, das waren Legenden. Bonatti allerdings hörte in meinen Augen zu früh mit der Bergsteigerei auf. Aber trotzdem war er eine Figur, die im Alpinismus etwas bewegte, vornehmlich durch seine Alleinbegehungen. Cassin war interessant, weil ich seine Touren sehr schätzte. Er hat sich aus der Fülle von Möglichkeiten die schönsten herausgesucht: die Nordostwand des Badile, den Walkerpfeiler an den Grandes Jorasses, den Cassin Ridge am Mount McKinley. Unglaublich schöne Erstbegehungen. Er schaute sich das an, und dann zog er es durch. Damals waren eben auch noch ganz andere Möglichkeiten für Erstbegehungen gegeben. In unserer Zeit war das alles schon weg. Wir wiederholten halt dann diese Routen und freuten uns, wenn wir auf einen von Cassin geschlagenen Haken trafen. Ich hatte später auch Kontakt mit ihm und mit seinem Sohn, dem Tono. Sie hatten ihre Fabrik am Comer See.

Wen hast du sonst noch bewundert?

Ich habe Edmund Hillary sehr geschätzt, ich schätze ihn heute noch, weil er etwas getan hat, was außergewöhnlich ist. Aber vor allem, weil er einfach ein feiner Mann ist, der sich stark für die Sherpas eingesetzt hat. Der es nicht nur beim Bergsteigen beließ, sondern sich beim Bau von Schulen und Krankenhäusern engagierte. Nicht etwas für sich selbst, sondern für andere schuf. Und ansonsten – irgendwie waren ja alle meine Kletterpartner ein bisschen meine Vorbilder. Man lernt ja von jedem etwas dazu. Das ist ganz wichtig. Ob ich mit einem Fankhauser Horst klettere, mit dem Rebitsch Hias oder mit Otti Wiedmann oder mit dem Reinhold – ich lerne immer etwas dazu. Es ist entscheidend, dass man zu dem Zeitpunkt, wo das Klettern geformt wird, gute Lehrmeister hat. Das ist das Um und Auf. Wenn du da gute Leute hast wie einen Sepp Mayerl oder wie einen Reinhold, dann nimmst du von jedem etwas Positives auf. Und ich hatte das Glück, einige sehr gute Lehrmeister zu haben. Das sind genauso meine „Helden", wie ich umgekehrt vielleicht ein Vorbild für sie bin, weil ich mit ihnen geklettert bin.

Den anderen, mit denen du nicht geklettert bist, Cassin zum Beispiel, Bonatti – denen hast du nachgeeifert? Oder in Ehrfurcht zu ihnen aufgeschaut?

Man schaut zu diesen Leuten auf, das ist gar keine Frage. Ihre Leistungen waren natürlich unerreichbar, Emilio Comici oder Tita Piaz, Gervasutti. Erstbegeher, die lange vor uns schon diesen Wunsch, diesen Drive, diese Motivation gehabt haben, ins Gebirge zu gehen und schwere Touren zu machen. Wir wiederholten dann vieles, manchmal konnten wir vielleicht die Zeit noch verbessern. Und ein paar neue Routen konnten wir auch noch legen.

Peter Aschenbrenner kanntest du auch?

Ja, er hat viel im Kaiser gemacht. Den Peter lernte ich auch wieder zufällig kennen, als er einmal nach Mayrhofen kam. Ich hörte immer gern seine Schilderungen, vor allem von den Nanga-Parbat-Expeditionen – er war ja da dreimal dabei. Er war sicher sehr gut, er war ein umsichtiger Mensch.

1932 und 1934 war er als Bergsteiger dabei, und 1953, bei der Erstbesteigung durch Buhl, war er der bergsteigerische Leiter.
Genau, und der Überchef war Herrligkoffer. Der Peter hatte sehr viel Erfahrung, und es hat mir eben auch wieder imponiert, dass er sehr sachlich und sehr ruhig, aber doch sehr lebendig von seinen Unternehmungen sprach. Er redete oft im Radio. Ich kann mich gut erinnern, ich bin einmal in Innsbruck mit dem Auto mitten auf der Straße stehen geblieben, weil ich den Aschenbrenner Peter reden hörte. Ich fuhr dann rechts ran, war eh ein Verkehrshindernis. Manfred Gabrielli, der lang im ORF tätig und ein außergewöhnlich guter Interviewpartner war – kein Bergsteiger, aber sehr belesen im alpinen Geschehen –, führte ein eindrückliches Gespräch mit ihm über diese fürchterliche Katastrophe 1934 am Nanga Parbat, als so viele Leute umkamen. Der Wieland, der Merkl, der Welzenbach, alle blieben sie oben am Mohrenkopf, weil sie einfach nicht mehr konnten. Diese Geschichte kannte ich natürlich, das hatte man gelesen. Und sich gefragt, was haben die falsch gemacht? Warum sind sie da oben umgekommen?

Schneider und Aschenbrenner konnten noch absteigen …
… und haben überlebt.

Und wurden nachher furchtbar angegangen. Es wurde ein „Ehrengericht" einberufen, weil sie angeblich die anderen im Stich gelassen hätten.
Das hat doch nichts mit Im-Stich-Lassen zu tun! Die anderen waren einfach nicht mehr fähig, einen Schritt zu tun. Die Alternative wäre gewesen, dass Schneider und Aschenbrenner sich hingesetzt hätten und mit ihnen gestorben wären. Aber zum Glück sind die Zeiten vorbei, in denen das Bergsteigen ins Politische umgemünzt wurde.

Peter Aschenbrenner war auch Hüttenwirt am Stripsenjochhaus.
Er war fast 20 Jahre Hüttenwirt auf der Strips, Mitte der Dreißiger- bis Anfang der Fünfzigerjahre. Sein Bruder Paul war auch ein guter Kletterer. In Anbetracht seines abenteuerlichen Lebens wurde der „Himalaja-Peter" ziemlich alt.

Ja, er starb 1998, mit 95.
Mir hat der Peter schon getaugt. Mir hat auch ein Anderl Heckmair getaugt. Das waren Burschen, die das Leben – wenn ich so sagen darf – in vollen Zü-

gen genossen. Und die trotzdem, entweder weil sie so gesund waren oder weil sie so intensiv gelebt haben, lange unter uns waren. Der Anderl wurde 98. Der Harrer 93. Ernst Schmid war 96, Luis Trenker 97. Der Trenker war ja auch eine ganz interessante Person; er hat durch das Fernsehen vielen Menschen den Zugang zum Bergsteigen überhaupt erst ermöglicht. Er war nicht unbedingt ein Paradekletterer, aber er hat ein paar schöne Sachen gemacht. Vor allem seine Filme, wie er die dirigiert hat, wie er damals diesen Film am Matterhorn gemacht hat oder in Amerika den „Verlorenen Sohn". Für ihn fing das alles im Gebirge an. Er war sich nie zu schade, über das Bergsteigen zu reden, und er stellte es immer positiv dar. Ich kannte den Luis, beim Reinhold habe ich ihn manchmal getroffen. Er mochte den Reinhold und kam öfter nach Villnöss. Anlässlich eines Treffens fragte ich ihn: Luis, kann ich nicht ein Autogramm von dir haben? Er gab mir dann eine Autogrammkarte. Er war ja ein schneidiger Mensch, sah immer gut aus. Hintendrauf schrieb er: „Für Peter, meinen Freund und Bruder. Mit lieben Grüßen – Dein Luis Trenker." Die habe ich heute noch. Ich habe sie immer in Ehren gehalten.

Peter Habeler und Luis Trenker bei einer Talkshow in Hamburg

Heinrich Harrer, Anderl Heckmair und Hias Rebitsch bei der Jubiläumsfeier zum 50. Jahrestag der Erstbesteigung der Eiger-Nordwand

Wie gut kanntest du Anderl Heckmair?

Den Anderl kannte ich sehr gut. Leider konnte ich nicht auf seine Beerdigung, da war ich in Nepal. Ich war ein paar Mal draußen bei ihm in Oberstdorf, zu Hause in seinem blauen Salon, da rauchte er, dass du nichts mehr gesehen hast. Auf dem Tisch stand auch immer ein bisschen was, er hatte die besten Schnäpse, und Whisky mochte er auch sehr gern. Er war immer sehr offen und hat gern erzählt.

Die letzten Jahre war das dann schon nicht mehr so. Aber da war er auch schon sehr alt.

Das war dann recht lustig, er wurde ja noch oft interviewt und sagte dann jeweils zur Trudl, die neben ihm saß: Trudl, erzähl du weiter, du weißt das besser. Und das machte sie dann auch, denn sie hatte ihn immer erzählen gehört und übernahm dann praktisch seine Rolle. Ich habe die Trudl länger nicht mehr gesehen, aber ich mag sie sehr. Sie kümmerte sich sehr um den Anderl, pflegte ihn. Wenn die Trudl nicht gewesen wäre, wäre der Anderl sicher nicht so alt geworden.

Ja, es war schön, sie als Paar zu erleben.
Der Anderl war schon in Ordnung. Er war wirklich fast ein Heiliger für uns. Toller Mann.

Habt ihr auch über die Vergangenheit gesprochen, über die politische Vereinnahmung nach der Erstbesteigung der Eiger-Nordwand?
Ja, natürlich. Über seine Zeit als Stammbergführer der Ordensburg, dann an der Ostfront, und wie er es glücklich schaffte, zurück an die Heereshochgebirgsschule in Fulpmes zu kommen und so den Krieg zu überleben. Ich habe mir dann auch die ehemalige Ordensburg angeschaut, in Sonthofen.

Wiggerl Vörg kam gleich 1941 an der Ostfront ums Leben, Fritz Kasparek 1954 beim Bergsteigen in Peru. Heinrich Harrer – was für ein Verhältnis hattest du zu ihm?
Auch ein sehr gutes. Natürlich, seine Verstrickung in den Nationalsozialismus ist nicht von der Hand zu weisen. Genauso, dass er sich immer gegen eine Aufarbeitung wehrte. Es ist mir aber zutiefst zuwider, wenn die Jungen heutzutage über jemanden schreiben und überhaupt keine Ahnung haben, was damals wirklich lief. Harrer war ja nicht nur beim Dalai-Lama, er machte diese ganzen Expeditionen, zum Amazonas, nach Neuguinea, wo er die Carstenszpyramide erstbestiegen hat, nach Borneo ... Und er hat mit der „Weißen Spinne“ ein tolles Buch geschrieben. Das beste Buch, das über die Eiger-Nordwand geschrieben wurde. Das ist ein Klassiker, da kann man immer wieder reinschauen. Das muss ihm einmal einer nachmachen. Ich nehme an, er hat es selbst geschrieben.

Die erste Auflage erschien 1958, da könnte ihm theoretisch noch sein Freund Kurt Maix geholfen haben.
Das Buch, das Kurt Maix zusammen mit Hermann Buhl geschrieben hat, „Achttausend drüber und drunter“, das hat mir auch sehr gefallen. Das war eines jener Bücher, die mich motiviert haben, noch mehr zu machen. Wir konnten ja damals, Ende der Fünfzigerjahre, nicht ahnen, dass wir einmal in den Himalaja und in den Karakorum kommen würden. Der Kurt Maix hat das ganz hervorragend beschrieben, überhaupt nicht abgehoben. Einfach in der Wortwahl, einfach in der Schilderung, aber einfach hervorragend.

Es war wohl so, dass Buhl sein Manuskript selbst geschrieben hat; Maix hat es dann sehr stark überarbeitet.

Das kann schon sein. Buhl hatte eine schöne Schrift. Er konnte gut formulieren, das sieht man an den Tourenbüchern. Auf der Bayreuther Hütte gab es lange ein Tourenbuch, in das Hermann Buhl seine Routen selbst eingeschrieben hatte. Zum Beispiel das Buhldach an der Rofanspitze, 1947, mit dem Schindl Rudi. Wunderschön geschrieben. Das haben wir natürlich gelesen.

Du warst nicht ganz 15 Jahre alt, als Hermann Buhl an der Chogolisa abstürzte.

Was mir an ihm imponierte, war, dass er so gut klettern konnte – wie Rebitsch eben auch. Sie waren auch beide ein wenig Sonderlinge, darin waren sie sich ähnlich. Aber der Hermann hatte auch andere Seiten. Von Ernst Spieß, der in Mayrhofen die Skischule leitete und der für mich ein väterlicher Freund war, erfuhr ich, dass Buhl gern gesungen hat, er konnte auch Gitarre spielen und einen ganzen Saal unterhalten.

Bei Ernst Spieß hast du lange als Skilehrer gearbeitet.

Ja, vor allem hat er mich immer unterstützt. Er setzte mich schon mit 16 Jahren als Hilfsbergführer ein. Ein anderer hätte gesagt: Was, du Bürschl, du gehst mir nicht führen! Er hatte das Vertrauen in mich und ließ mich mit Toni Volgger oder Otto Geisler mitgehen. Er sagte: Peter, du machst das. Ich bekam natürlich weniger Geld, ich hatte ja auch noch keine Qualifikation. Aber ich habe ihn nie enttäuscht. Ich fand das super, dass er mir diese Arbeit ermöglicht hat. Nachdem Ernst die Skischule in Mayrhofen aufgebaut hatte, arbeiteten wir weiter gut zusammen. Er war eigentlich immer darauf bedacht, mich zu fördern. Er ließ mich zum Beispiel in der Wintersaison 1977/78, bevor wir zum Everest aufbrachen, bei voller Bezahlung trainieren.

Du standst für die Skischule also nur teilweise zur Verfügung?

Ich nützte das aus. Ich lief fast jeden zweiten Tag die 1800 Höhenmeter auf den Grünberg. Da waren schnelle Zeiten dabei – 1 Stunde 51 Minuten war meine Bestzeit. 1800 Höhenmeter, da kannst du ganz schön wieseln. Ernst hatte mein Potenzial erkannt, er tat sehr viel Positives für mich. Ich lief damals eigentlich jeden Tag irgendwo hinauf. Körperlich war ich gut drauf.

ERFOLGE UND RÜCKSCHLÄGE AN DEN HOHEN BERGEN DER WELT

STERNSTUNDE AM NANGA PARBAT

Wohl auf jeden Höhenbergsteiger übt der Name „Nanga Parbat" eine magische Anziehungskraft aus. Die lange Historie der Eroberung des neunthöchsten Gipfels der Welt ist von Tragödien geprägt. Der berühmte Alleingang, mit dem Hermann Buhl am 3. Juli 1953 die Erstbesteigung gelang, machte den Innsbrucker zur Legende. Etliche weitere Routen wurden erschlossen. Die Durchsteigung der Diamirflanke im Jahr 1962 durch die Deutschen Toni Kinshofer, Anderl Mannhardt und Siegi Löw, der beim Abstieg vom Gipfel zu Tode stürzte, stellte einen weiteren Markstein in der Geschichte des Himalaja-Bergsteigens dar. Nach dem Initiator Toni Kinshofer wurde dieser elegante Aufstieg Kinshoferweg benannt.

Für ihn hatte ich im Herbst 1984 bei der pakistanischen Regierung um die Genehmigung angesucht und sie auch erhalten. Der Kinshoferweg, quasi eine Direttissima zum Gipfel, zeichnet sich durch seine gewaltige Steilheit aus; die objektiven Gefahren bedeuten eine ständige Bedrohung für das Leben des Bergsteigers. Ich wollte eine kleine, aber schlagkräftige Gruppe zusammenstellen, und im April 1985 hatte ich das richtige Team beisammen: Die beiden deutschen Bergsteiger Michl Dacher und Udo Zehetleitner waren mit von der Partie. Dacher – damals 52-jährig – hatte sich mit dem „Nanga" seinen achten Achttausender vorgenommen, und auch Zehetleitner, ein Bergführer aus dem Allgäu, hatte viel Erfahrung im Höhenbergsteigen.

Während des Winters hatten wir auf dieses große Vorhaben trainiert, und im Juni 1985 flogen Michl und ich nach Pakistan. Udo sollte wenige Tage später nachkommen. Als Expeditionsleiter brauchte ich einige Zeit, um die Behördengänge in Islamabad zu erledigen. Die Verpflegung für die Hochlager hatten wir aus Europa mitgenommen, im Basislager vertrauten wir aber auf pakistanische Kost.

Der kurze, nur vier Tage dauernde Anmarsch in das auf einer Höhe von 4000 Metern gelegene Basislager verlief problemlos. Etwa 20 Träger beförderten unsere Lasten ohne Zwischenfälle, und am 12. Juni stellten Michl und ich am Fuß der gewaltigen, 3000 Meter hohen Diamirwand unser Basislager auf. Die Wand erschien uns erschreckend steil, und des Öfteren donnerten im Bereich unseres geplanten Anstiegs riesige Lawinen herunter.

Am 13. Juni erkundete ich den Aufstieg zum Lager 1, das von einem mächtigen Felspfeiler geschützt war. Kurz nachdem ich wieder ins Basislager abgestiegen war, schien der ganze Berg zu beben – vom Kinshofer-Eisfeld war eine Lawine abgebrochen, die sich bis auf wenige Meter an unser Lager 1 heranschob. Dieser Vorfall fuhr Michl und mir richtig in die Knochen – die Gefährlichkeit des Berges und unseres Unternehmens wurde uns hier zum ersten Mal richtig bewusst.

Jetzt kam uns unsere ausgezeichnete konditionelle Vorbereitung zugute. Das Wetter war prächtig, und wir wollten es nutzen. Nur wenige Tage später stiegen wir bereits durch das steile, ausgesetzte Kinshofercouloir auf, um auf einem Gratrücken das zweite Hochlager aufzustellen. Unsere Rucksäcke waren schwer. Immerhin mussten doch Zelt, Schlafsack, Gaskocher, Ausrüstung sowie Lebensmittel hinaufgetragen werden. Das war kein beschwingtes Hghersteigen, wie wir es von den Alpen kennen; jeder Meter musste erkämpft werden, über unseren Köpfen der Hängegletscher, aus dem immer wieder Séracs herausbrachen ... Lager 2 richteten wir an einem steilen Grat in rund 6000 Meter Höhe ein. Es lag dort wie ein Adlerhorst. Um das Zelt so stabil wie möglich zu machen, fixierten wir es mit Eisschrauben und Firnankern.

Das Wetter wendete sich zum Schlechten. Stürme und Schneefall trieben uns zurück ins Basislager. Eine ganze Woche lang, vom 17. bis zum 21. Juni, schneite es beinahe täglich, am Berg konnten wir unmöglich arbeiten. Und doch: Die Zwangspause tat uns gut. Briefe wurden geschrieben, ich hatte Zeit und Muße, mit meinem Walkman Beethoven-Sinfonien zu hören, ich versuchte, mich gedanklich ein wenig vom Berg zu trennen.

Unsere „Altherrenmannschaft" war nun komplett, Udo war inzwischen eingetroffen. Das Wetter klarte auf, wir machten uns wieder auf den Weg, doch während des Aufstiegs zum Lager 2 kämpften wir schwer mit dem Neuschnee. Leider war die Wetterbesserung nur von kurzer Dauer. Bedrohliche Wolkenbänke schoben sich von Westen an den Nanga Parbat heran, und wiederum, wie schon so oft, kam Sturm auf. Im Lager 2 erlebten wir eine schlimme Nacht,

Sturmböen schienen das Zelt in die Tiefe reißen zu wollen. Wir mussten unter allen Umständen absteigen. Der Abstieg gestaltete sich dann ungemein gefährlich, und wir waren froh, unbeschadet das Basislager zu erreichen.
Mehrere Tage Zwangsaufenthalt in unserem gemütlich ausgebauten Basecamp folgten. Der pakistanische Koch verwöhnte uns mit kulinarischen Köstlichkeiten, und wir hatten die Möglichkeit, unseren Flüssigkeitshaushalt wieder in Ordnung zu bringen. Warum das so wichtig ist, möchte ich kurz erläutern: Ein wesentlicher Mechanismus der Höhenanpassung ist die vermehrte Bildung roter Blutkörperchen im Knochenmark, wodurch im Blut mehr Sauerstoff transportiert werden kann. Bei optimaler Anpassung kommt es zu einem Anstieg der roten Blutkörperchen von bis zu 25 Prozent gegenüber dem Normalwert. Deckt der Bergsteiger seinen Flüssigkeitsbedarf nur ungenügend ab, so führt dies zum sogenannten Hyperviskositätssyndrom, der Bluteindickung, die eine schlechte Durchblutung des Gewebes mit sich bringt. Die Folgen davon sind große Erfrierungsgefahr sowie die Neigung zu Thrombosen und Gehirnödemen. Die Bluteindickung kommt gar nicht so selten vor, weil der Flüssigkeitsbedarf in einer Höhe von 7000 Metern bis zu sieben Liter täglich beträgt und es begreiflicherweise in diesen Höhen mühselig und vor allem auch technisch schwierig ist, so viel Flüssigkeit herzustellen und zu trinken.
Eine knappe Woche verstrich, erst am 28. Juni konnten Udo, Michl und ich das Kinshofercouloir durchsteigen. Wir waren in Prachtform, bereits nach viereinhalb Stunden erreichten wir das Lager 2. Die gute Akklimatisation machte sich bemerkbar. Frisch gefallener Neuschnee behinderte unseren Aufstieg in das dritte Hochlager, das sich, ähnlich wie Lager 2, auf einem Gratvorsprung befand. Der Höhenmesser zeigte 6600 Meter an. Abwechselnd spurten wir in den steilen Flanken, nach jeweils 30 Metern musste eine Rast eingelegt werden.
Wir waren hundemüde, im Zelt war es aber so eng, dass wir fast keinen Schlaf fanden. Gegen Morgen kam wieder Wind auf. Was sollten wir tun? Weitersteigen, das vierte Lager einrichten? Die rapide Wetterverschlechterung nahm uns den Gewissenskonflikt ab. Also noch einmal hinunter ins Basislager!
Die Zeit lief uns davon, ursprünglich hatten wir nur mit vier Wochen am Berg gerechnet. Udo wurde unruhig, er hatte wichtige Termine daheim, die er nicht versäumen durfte. Auf solche Dinge nahm der Nanga natürlich keine Rücksicht. Wir schrieben bereits den 3. Juli. Um sechs Uhr früh brachen wir auf

und waren schon nach knapp fünf Stunden im Lager 2, anderntags ging es weiter. Es schneite stark. Trotzdem wurde Lager 3 erreicht. Die Nacht war ruhig, wir schliefen sogar, obwohl das Platzangebot im Zelt äußerst beschränkt war. Früh schon begann Udo mit dem Kochen, doch der Appetit fehlte hier oben. Nur getrunken werden musste viel, Tee, Elektrolytgetränke – wir schütteten alles nur so in uns hinein.

Als Erster verließ ich das Zelt und nahm die lange, gefährliche Querung hinüber zur Bazhinmulde in Angriff. Das Steigen fiel mir leicht, nur die ungeheure Kälte machte mir stark zu schaffen. Das Thermometer zeigte minus 32 Grad Celsius. Die Füße waren gefühllos. Während der kurzen Rastpausen versuchte ich, durch kreisende Bewegungen die Durchblutung zu verbessern. Es dauerte lange, bis ich wieder ein Wärmegefühl verspürte. Endlich ging die Sonne auf – wie angenehm ihre Strahlen waren!

Die Querung der Bazhinmulde erschien mir endlos. Das Gelände war zwar nicht steil, der Schnee aber dafür schwer zu spuren – jeder meiner Schritte ein Kampf mit mir selbst. Um zwei Uhr nachmittags erreichte ich eine Höhe von 7400 Metern. Meine beiden Freunde waren noch nicht in Sicht. Das Wetter beunruhigte mich. Wie schnell sich doch dort oben Wolkenbänke bildeten! Der Wind wurde stärker. Sollten wir noch einmal ins Basislager absteigen müssen?

Mit meiner Schaufel grub ich ein Loch in den Schnee, stellte den Kocher hinein und machte etwas Tee. Für einen halben Liter brauchte ich 40 Minuten. Trotzdem, er war ein Zaubertrank, durch den sich der müde, ausgemergelte Körper schon nach kurzer Zeit besser fühlte. Michl und Udo tauchten auf, gemeinsam errichteten wir das Zelt – es war höchste Zeit, der Sturm wurde immer stärker. An einen Gipfelangriff war bei diesen Verhältnissen nicht zu denken.

Während der Nacht ebbte der Sturm ab, schnell entschlossen wir uns, in Richtung Gipfel aufzubrechen. Doch bereits nach wenigen Minuten erkannten wir die Gefährlichkeit unseres Vorhabens. Die Kälte war unerträglich, minus 43 Grad Celsius. Wir waren zwar mit allen verfügbaren Kleidungsstücken ausgerüstet, hatten die Gesichtsmasken als zusätzlichen Schutz, aber trotzdem kühlte der Körper innerhalb weniger Minuten aus. Udo und Michl drehten um. Ich wollte noch zum Beginn der Löwrinne, die den weiteren Aufstieg erlaubt, doch schon nach wenigen Höhenmetern musste ich zum Zelt zurückkehren – es hatte keinen Sinn.

Wir mussten auf der Stelle in die tiefer gelegenen Lager absteigen. Erst jetzt spürten wir, wie müde wir eigentlich waren. Die Füße waren bleischwer. Der Abstieg war hart. Am späten Nachmittag des 7. Juli erreichten wir das Basislager. Udo verließ uns, er musste dringend nach Hause.
Am 8. und 9. Juli tobte der Sturm am Nanga wie nie zuvor während unseres Aufenthalts im Basislager. Riesige Wolkenfahnen wehten um den Gipfel. Untätig saßen Michl und ich in den Zelten. Wenn es jetzt erneut Schnee geben sollte, würden wieder mehrere Wochen verstreichen, ehe wir etwas unternehmen konnten. Unsere Zeit wurde knapp.
In der Nacht vom 9. auf den 10. Juli besserte sich das Wetter, ein schneller Entschluss wurde gefasst. Wir packten sorgfältig unsere Rucksäcke, nur das Allerwichtigste wurde mitgenommen. Reservekleidung, einige Gaskartuschen, etwas zum Essen. Getrennt stiegen Michl und ich ins zweite Lager auf. Jeder hatte seinen eigenen Rhythmus. Um halb fünf verließ ich mein Zelt und merkte schon nach kurzer Zeit, dass ich in einer außergewöhnlich guten Form war. In nur vier Stunden und 15 Minuten stieg ich durch das Couloir, schon um 8.45 Uhr erreichte ich Lager 2. Ich konnte es mir nicht verkneifen, ich freute mich über meine prächtige Verfassung. Michl tauchte um 11.15 Uhr auf.
Es war ruhig am Berg, der Wind hatte vollkommen aufgehört. Nun hieß es, schnell zu sein! Bereits um fünf Uhr früh am 11. Juli setzten wir unseren Aufstieg fort. Lager 3 auf 6000 Metern wurde gegen 8.30 Uhr erreicht. Ich kochte kurz, dann ging es bereits wieder weiter. Um 13 Uhr gelangte ich an die Stelle, an der sich unser Lager 4 befand. Ungläubig starrte ich auf den Platz, wo das Zelt gestanden war. Das konnte doch nicht wahr sein: keine Spur eines Lagers, nur große Schneeschollen! Offensichtlich hatte uns hier eine Lawine einen Strich durch die Rechnung gemacht.
Nach längerem Suchen fand ich eine abgebrochene Aluminiumstange und begann zu graben. Nach einer Stunde stieß ich auf die Überreste unseres Zeltes. Gerade noch einmal gut gegangen! Hätten wir uns im Zelt aufgehalten, wären wir tot gewesen. Michl, der gegen 16 Uhr auftauchte, konnte die Situation auf den ersten Blick kaum fassen. Wir mussten biwakieren. Auch zu zweit schafften wir es nicht, das ganze Zelt auszugraben, aber das Glück blieb uns treu. Ich fand den lebenswichtigen Gaskocher, und es gelang mir auch, meinen Daunenanorak aus dem zusammengedrückten Zelt zu bergen. Eng aneinandergekauert erwarteten wir den nächsten Morgen. Biwaknächte, noch dazu in 7400 Meter Höhe, zehren gewaltig an der Substanz.

Freitag, 12. Juli: Ein herrlicher Tag zog herauf. Wolkenloser Himmel, kein Lüftchen regte sich. Wenn wir den Gipfel heute nicht erreichten, dann wohl nie mehr. Aufbruch um 5 Uhr. Langsam zogen wir unsere Spur, der starke Sturm der vergangenen Tage hatte die Bazhinmulde blank gefegt, die Verhältnisse waren ideal.
Durch dieselbe Rinne, in der bereits Kinshofer, Mannhardt und Löw im Jahr 1962 aufgestiegen waren, führte auch unser Anstieg. Der Schnee war hart gepresst, erlaubte rasches Höherkommen, ab und zu mussten Felsbarrieren überklettert werden. Es ging besser als erwartet. Wie leicht mir das Steigen plötzlich fiel – selten zuvor hatte ich an einem Achttausender so viel Kraft wie damals. Mit Michl hatte ich wieder vereinbart, dass jeder sein eigenes Tempo gehen würde. Wohl niemand, der nicht irgendwann über 7000 Meter geklettert ist, begreift eine solche Entscheidung.
Der Aufstieg verlief völlig problemlos. Um acht Uhr stand ich bereits am Grat, kurz unterhalb des Nordgipfels. Hier hieß es vorsichtig sein: Stark überwechtetes Gelände zwang mich in die Diamirseite – und dort war der Fels brüchig. Hermann Buhl kam mir in den Sinn, auch er musste die gleichen Passagen zurücklegen, die ich gerade kletterte. Mehr als 41 Stunden hatte Buhl damals gebraucht, um zum Gipfel und wieder zurück in sein letztes Lager zu kommen. Um halb neun stand ich am Nordgipfel, verweilte kurz und querte dann den Gipfelaufbau des Hauptgipfels. Es schien mir fast, als ob ich in den heimatlichen Bergen unterwegs wäre, alles ging leicht und spielerisch. Eine Sternstunde!
9.35 Uhr: Der höchste Punkt des Nanga Parbat war erreicht. Am Gipfelfelsen ein Haken, an dem zwei Feuerzeuge sowie ein Schwarz-Weiß-Bild zweier japanischer Bergsteiger befestigt waren. Ich fotografierte, erkannte weit draußen den Karakorum. Alles überragend der K2, mit 8611 Metern der zweithöchste Berg der Welt und der wohl schwierigste Achttausender. 1984 hatte mich das schlechte Wetter kurz unterhalb des Gipfels zur Umkehr gezwungen. Ich fühlte mich pudelwohl. Um zehn Uhr bekam ich Funkkontakt mit dem Basislager; auch dort herrschte große Freude. Ich blieb lange auf dem Gipfel, den Michl um 11.25 Uhr erreichte. Eine weitere Viertelstunde blieben wir oben, dann stiegen wir gemeinsam zurück zum Biwakplatz und wenig später ins Lager 3 ab. Am frühen Nachmittag des 13. Juli 1985 erreichten Michl und ich unser Basislager. Wir hatten die Besteigung des Nanga Parbat in einer sensationellen Zeit geschafft. Meine reine Gehzeit vom Basislager auf 4100 Meter Höhe bis zum Gipfel in 8125 Metern betrug exakt 16 Stunden.

„WENN WIR ANGST VOR DEM TOD HÄTTEN, WÜRDEN WIR NICHT EXTREME BERGSTEIGER WERDEN"

Was war in deinen Augen ausschlaggebend dafür, dass eure Expedition zum Nanga Parbat so erfolgreich war?
Gut, da gibt es natürlich immer die äußeren Umstände, also das Wetter oder die Verhältnisse am Berg, bei denen man Glück oder Pech haben kann. Aber abgesehen davon waren wir einfach ein super Team. Michl Dacher entpuppte sich als ein ähnlich eigensinniger Typ wie ich, Udo Zehetleitner kannte ich von gemeinsamen Touren in den Westalpen und vom Mount McKinley – ein

Michl Dacher und Peter Habeler im Anstieg zur Bazhinmulde am Nanga Parbat

ganz harmonisches Dreierteam. Gleichzeitig mit uns waren noch eine japanische Expedition am Berg und eine polnische mit Wanda Rutkiewicz.

Letztendlich hast du den Gipfel mit Michl Dacher erreicht. Wo lagen seine Qualitäten?
Es war das gute Zusammenspiel zwischen uns beiden. Wir waren gleich drauf. Er tat genau das, was ich auch getan hätte, und umgekehrt. Wir trafen dieselben Entscheidungen. Und wir waren beide schnell, wollten das Ganze nach unserer Akklimatisationsphase möglichst rasch hinter uns bringen. Es war gut auskommen mit dem Michl, ein schönes, ruhiges Miteinander. Er hatte auch Humor, und den brauchst du bei so einem gefährlichen Vorhaben wie der Kinshoferroute. Sie ist im unteren Teil sehr gefährlich, weil man sich in einer Art Flanke befindet, die links von einem kleinen Hängegletscher bestrichen wird. Und wenn es am Nanga Parbat Schnee gibt, dann gibt es Schnee ohne Ende. Das kann innerhalb von einem Tag locker mehr als ein Meter sein. Wenn du dann irgendwo oben sitzt oder dich in der Flanke befindest und es kommt eine Lawine, dann bist du erledigt.

Ihr wart vor allem unglaublich schnell.
Ja, als wir dann endlich zum Gipfel unterwegs waren, da waren wir sehr schnell. Vorher ging es eher ein bisschen zäh, immer wieder hinauf, hinunter, wieder hinauf ... Aber dadurch haben wir uns eben sehr gut akklimatisiert. Und dann konnten wir einfach durchziehen. Wir mussten nicht viel fixieren, wir hängten nur im untersten Teil der Diamirflanke rechts ein Seil hinein, und dann noch einmal in der Kinshoferwand. Die ist etwa 20 Meter hoch und senkrecht, die muss man versichern.

Du spricht ja auch von der Form deines Lebens.
Am Nanga Parbat war ich wirklich gut drauf, erheblich besser als am Everest. Das Umfeld war auch ein ganz anderes. Wir haben oft bei den Polen gegessen, die Polen kamen zu uns ins Camp – das ist dann wie eine Familie, die sich zusammentut. Einmal ging der, einmal ging der andere hinauf. Hie und da ging man gemeinsam. Das war einfach eine Pracht. Der Nanga Parbat ist mit Sicherheit einer meiner Höhepunkte, eines der schönsten Erlebnisse, die ich im Gebirge hatte. Auch dank eines Michl Dacher. Wenn das Wetter schlecht wurde, waren Michl und ich immer dafür – und waren auch schnell genug –, jeweils

Über die Diamirflanke gehen immer wieder riesige Staublawinen ab.

bis ins Basislager abzusteigen, damit wir uns erholen konnten. Im vorletzten Lager erholt man sich nicht, selbst wenn man genug Lebensmittel und Brennstoff hat und einen guten Schlafsack. Wir hätten immer mehr abgebaut. Erst recht, wenn einer allein dort oben geblieben wäre. Wenn du allein in großer Höhe auf einem Achttausender bist, baust du auch wegen der Angst ab. Du hast Angst, dass das Wetter noch schlechter wird, dass es noch mehr Schnee gibt, dass der Wind so stark wird, dass er dir das Zelt zerreißt. Du bist der Natur noch mehr ausgeliefert, weil du keine Ansprache hast. Allein am Berg sein, das konnte ein Reinhold Messner, das kann ein Tomaž Humar, aber das kann nicht jeder. Das war eben mit dem Michl so bärig: Wir schauten uns an und waren uns einig, dass wir bis ins Basislager hinuntergehen. Und waren sofort unten. Wir motivierten uns gegenseitig und halfen uns auch gegenseitig.

Aber obwohl ihr so gut harmoniert habt, habt ihr euch beim Gipfelgang getrennt.

Es geht eben jeder sein eigenes Tempo, jenes, das er gewohnt ist. Der Michl ging ein bisschen langsamer, ich ging ein bisschen schneller, und du kannst nicht auf den Partner warten, weil es dazu viel zu kalt ist. Ich wusste genau, der Michl macht das gut, und es funktionierte an dem Tag alles wunderbar. Ich stieg direkt in die Löwrinne ein, die ist etwa 40 Grad steil, das konnte man gut gehen. Sie führt auf den stark überwechteten Gipfelgrat. Ich konnte immer sehen, dass der Michl nachkam. Ich ging langsam Richtung Gipfel und wartete dort auf ihn, denn es war oben wärmer als in der Nordflanke.

Die ganze Geschichte des Nanga Parbat, die Tragödien, die Erstbesteigung durch Buhl – trägt man das eigentlich alles mit, wenn man auf diesen Berg steigt?

Auf alle Fälle, das ist klar. Diese Geschichten kannte ich natürlich aus der Literatur, Merkl, Welzenbach und Wieland 1934, dann 1937, praktisch die ganze Mannschaft ausgelöscht – so viele gute Bergsteiger sind am Nanga Parbat umgekommen. Auch später noch, 1962 Siegi Löw, 1972 Günther Messner. Das verfolgt dich. Wenn ich durch die Löwrinne hinaufsteige, mache ich mir natürlich darüber Gedanken, wo der Löw hinuntergestürzt ist; da schaue ich hinunter und denke mir, ausrutschen darf ich da aber nicht. Technisch ist es ja nicht leicht dort. Dann am Gipfelgrat, über den schon Hermann Buhl zum Gipfel ging, da habe ich mir vorgestellt, wie er das damals machte, alles allein spurte,

„Gipfel-Sternstunde": Peter Habeler auf dem Nanga Parbat

im Stehen biwakierte. Trotzdem geht man sehr konzentriert, setzt seine Schritte genau. Man weiß einfach, dass jeder Fehltritt zum Tod führen kann.

Du bezeichnest deine Nanga-Parbat-Besteigung als Sternstunde. Ist denn in dieser Zeit nie der Gedanke entstanden, du könntest noch mehr Achttausender besteigen, vielleicht sogar alle?

Nein, ich habe mich nie mit dem Gedanken befasst, alle 14 Achttausender zu machen. Natürlich hatte ich nichts dagegen, wenn ich die Möglichkeit hatte, einen Achttausender zu besteigen. Dann habe ich die Gelegenheit auch genutzt. Was ich allerdings gern noch gemacht hätte, das wäre der Makalu gewesen. Der hat mir immer so gut gefallen, der ging mir öfter durch den Kopf. Und was die Schnelligkeit angeht, die kam ja nicht von ungefähr. Zum einen habe ich zu Hause viel trainiert, zum anderen war es auch nicht so, dass ich seit dem Everest nicht mehr in der Höhe gewesen wäre. 1980 und 1982 war ich am Mount McKinley, 1981 machte ich einen zweiten Versuch am Yerupaja, 1984 probierte ich den K2.

Peter Habeler und Michl Dacher nach ihrer Rückkehr vom Nanga Parbat in München

Am West Buttress des Mount McKinley

Was hat dich am Mount McKinley gereizt?

Na ja, er ist mit 6195 Metern der höchste Berg Nordamerikas. Und ein sehr schöner Berg. Nachdem ich in Amerika als Skilehrer gearbeitet hatte, wollte ich irgendwann auch einmal auf den Mount McKinley oder Denali, wie er bei den Amerikanern heißt. 1980 war ich mit dem Meirer Michl und noch anderen Leuten dort. Den Michl kannte ich schon lange, er ist Osttiroler, hat wie ich in der Skischule gearbeitet, war auch 1962 mit mir zusammen beim Bundesheer. Eine recht interessante Persönlichkeit, er studierte Physik und Mathematik und ging später ins Computerbusiness. Der Denali war eine lehrreiche Sache für uns; da ging es nicht so sehr um die technischen Schwierigkeiten des Berges als vielmehr um die Kälte, um den Wind. Natürlich hatte ich im Himalaja schon Stürme erlebt, aber solche Temperaturen wie in Alaska noch nie. Während des Aufstiegs hatten wir eine wilde Rettungsaktion – wir trafen auf zwei tote Deutsche, zwei Tschechen konnten wir noch retten. Weil wir dann zunächst ins West-Buttress-Lager zurückkehren mussten, kamen die

anderen beim zweiten Versuch nicht mehr mit. Ich stieg zwei Tage später allein über die Westrippe zum Gipfel, fast 2000 Höhenmeter. Dann flog ich zurück nach Anchorage, wo Regina und Christian auf mich warteten. In Anchorage trafen wir dann noch einmal auf die beiden Tschechen. Das war schon verrückt: Sie bedankten sich nicht einmal für ihre Rettung, weil sie überzeugt waren, sie wären ungerechtfertigterweise ausgeflogen worden. Dabei saßen sie am Berg völlig apathisch herum, konnten sich nicht mehr bewegen, waren im Begriff zu sterben.

Warum bist du dann 1982 noch einmal an denselben Berg zurückgekehrt?
Das zweite Mal war eine Führungstour. Ich hatte ein paar Gäste aus dem Zillertal dabei, Udo Zehetleitner hatte seine Gäste dabei. Das war meine erste geführte Tour in außeralpinen Gebieten. Und das war auch so ein Schlüsselerlebnis. Der Denali steht ähnlich isoliert wie der Nanga Parbat, er zieht das schlechte Wetter direkt an. Wetterstürze kommen sehr schnell, und wie gesagt, es kann sehr kalt werden. Wenn sich über dem Gipfel „the lenticular" bildet, eine linsenförmige Wolke, dann kommt man in Teufels Küche. Genau das ist 1982 passiert. Wir gingen während eines Zwischenhochs hinauf zum Denalipass, wo sich das sogenannte Last Camp befindet. Das sind Schneehöhlen – wenn man Zelte aufstellen würde, wäre die Gefahr, dass sie vom Wind kaputt gerissen werden, viel zu groß. Von dort geht es leicht und flach hinüber zum Gipfelaufbau des Denali. Obwohl klar war, dass das Wetter umschlägt, wollten einige Teilnehmer unbedingt in diesen Schneehöhlen bleiben und am nächsten Tag zum Gipfel gehen. Udo und ich waren dagegen und entschieden, dass abgestiegen wird, aber ein paar Leute blieben wirklich oben. Dann brach die Hölle los, und es hat drei Tage nur gestürmt und geschneit.

Sie hatten keine Chance, zu euch abzusteigen?
Die konnten nicht runter. Sie konnten nicht mal rausgehen, um sich zu erleichtern, so hat es gestürmt. Die Verpflegung ging ihnen auch aus. Es war kalt, es war nass, denn durch die Verdunstung tropft es in den Höhlen von der Decke. Es war ein Inferno da oben. Als es nach drei Tagen schön wurde, sprinteten Udo und ich sofort hinauf. Die Burschen waren völlig fertig, das war das Schlimmste, was sie jemals im Leben mitgemacht hatten. Keiner war mehr

Die Ostwand des Yerupaja Grande in der Cordillera Huayhuash/Peru für den Gipfel motiviert. Wir brachen ab und liefen gemeinsam über den Kahiltnagletscher hinaus.

Zwischen den beiden Mount-McKinley-Abenteuern gingst du 1981 nochmals nach Peru, an den Yerupaja. Warum zog es dich ein zweites Mal in die Cordillera Huayhuash?
Mit Reinhold kletterte ich 1969 durch die Yerupaja-Ostwand. Wir stiegen am Gipfelgrat aus, erreichten den Gipfel selbst jedoch nicht. 1981 wollte ich mit Michl Meirer durch die Westwand, und diesmal zum Gipfel. Zur Akklimatisierung bestieg ich zuvor noch den Nevado Rasac, einen wunderschönen Nachbarberg, knapp über 6000 Meter hoch. Wir hatten gutes Wetter, aber trotzdem Pech: Zu der Zeit gab es einige Erdbeben, und man kann sich vorstellen, was Erdstöße in so einem labilen Gelände wie einem Gletscherbruch verursachen. Zunächst wurde schon unsere Zufahrtsstraße verschüttet. Bei der Wahl unserer Lagerplätze mussten wir sehr vorsichtig sein, zusammenbrechende Eistürme und Eislawinen einkalkulieren. Schließlich ging in unserer Westflanke eine riesige Lawine ab, im Gratverlauf zeigten sich Risse, Wechten waren abgebrochen. Das war dann der Auslöser, das Ganze abzubrechen. Wir erfuhren hinterher auch, dass in der Cordillera Blanca wegen der Erdbeben Leute zu Tode gekommen waren.

1984 warst du dann am K2. Auch wieder erfolglos?
Auch wieder erfolglos. Ich war Teilnehmer einer größeren Expedition, mit Stefan Wörner als Expeditionsleiter, der dann 1988 am Cho Oyu umkam. Stéphane Schaffter aus Genf war mit dabei, ein sehr guter Bergführer, ein hervorragender Bergsteiger, und noch weitere Schweizer Teilnehmer. Der Österreicher Manfred Lorenz. Dann natürlich Kurt Diemberger und Julie Tullis, die einen Film drehten. Parallel zu uns marschierte eine kleine polnische Expedition unter Wanda Rutkiewicz ins Basislager.

Du hast Wanda also schon vor dem Nanga Parbat kennengelernt?
Wanda kannte ich schon viel länger, ich traf sie zum ersten Mal am Hidden Peak, 1975. Insgesamt waren wir ein großes Team – mit den Problemen, die so ein großes Team eben mit sich bringt. Vor allem hatten wir immer wieder schlechtes Wetter, mussten immer wieder einen Rückzug machen. Wir wollten den K2 über den Abruzzengrat besteigen. Der ist steil, im Housekamin mit rich-

Im Anstieg zum Broad Peak im Karakorum

tig schwieriger Kletterei; wir mussten ihn über weite Strecken versichern, sonst wären wir nicht mehr zurückgekommen. Bei einer dieser Versicherungsaktionen zusammen mit Stéphane bin ich mit einem Schneerutsch ein Stück abgestürzt, vielleicht 15 Meter. Zum Glück blieb ich in unseren Fixseilen hängen, aber ich verletzte mich am Kopf – plötzlich spürte ich, dass es mir hinten warm hinunterlief, und merkte erst da, dass ich eine stark blutende Wunde hatte.

Wie kamst du mit der Verletzung hinunter ins Lager?

Ich konnte schon noch selbst ins Lager 1 absteigen, und am nächsten Tag fuhren wir mit den Skiern – wir hatten damals Skier dabei – ins Basislager am Gilkey's Point. Urs Wiget, der Schweizer Expeditionsarzt, flickte mich wieder zusammen. Aber ich konnte danach erst mal nicht mehr viel tun. Später brachen wir die Expedition sowieso ab. Das Wetter war einfach zu schlecht. Den Gipfel hat in dieser Saison niemand erreicht, wie es ja am K2 häufig vorkommt. Es lief halt einfach nicht rund. Mein zweiter Sohn Alexander war inzwischen auf der Welt, und eines Tages bekam ich ins Basislager einen Brief von Regina, in dem sie mir berichtete, dass er von einer Mauer gefallen sei und einen bösen Schädelbasisbruch habe. Das hat mich natürlich auch nicht gerade aufgebaut.

Gab es denn gar kein Erfolgserlebnis?
Nein, es gab eigentlich nur Enttäuschungen. Bevor wir am K2 so weit waren, wollte ich vom Basislager aus allein auf den Broad Peak. Das hätte ich auch fast geschafft, bin an einem Tag bis ganz hinauf zum Gipfelaufbau gekommen. Hätte ich ein paar Stunden mehr gehabt, wäre ich wahrscheinlich in einem Tag auf den Gipfel des Broad Peak gegangen. Mit der dortigen polnischen Expedition war abgesprochen, dass ich im letzten Lager in einem ihrer Zelte übernachten konnte. Am nächsten Tag war das Wetter schlecht, und statt zum Gipfel bin ich wieder abgestiegen. Die Polen, die blieben, gingen am übernächsten Tag auf den Gipfel – ich hätte nur einen Tag warten müssen.

Also warst du zuletzt eigentlich froh, dass du wieder nach Hause konntest?
Schon nicht ganz. Ich bin zum Schluss noch einmal mit aufgestiegen am K2, wollte noch einmal schauen, wie es mir geht. Es ging mir schlecht. Und dort oben – wir waren auf dem Plateau, wo zwei Jahre danach diese fürchterliche Katastrophe mit so vielen Toten stattgefunden hat – beschlossen wir, dass wir die Koffer packen.

Dort, wo Julie Tullis gestorben ist?
Wo die Julie Tullis gestorben ist, wo der Alan Rouse gestorben ist, wo der Hannes Wieser gestorben ist, wo der Fredl Imitzer gestorben ist – wo als einzige Ausbrechende Willi Bauer, Kurt Diemberger und Mrowka, Dobroslawa Wolf, eine polnische Bergsteigerin, abgestiegen sind. Mrowka starb während des Abstiegs, sie erfror im Stehen, noch im Seil hängend. Eine hervorragende Bergsteigerin, sie war schon 1984 am K2 dabei, daher kannte ich sie.

Das heißt aber, in diesen Jahren musstest du relativ oft mit dem Scheitern fertig werden?
Ja, man kann das schon Scheitern nennen, klar. Aber ich habe mit dem Zurückgehen von einem Berg noch nie ein Problem gehabt. Umdrehen können

ist ein wesentlicher Teil des Bergsteigens. Wenn man das nicht kann, bleibt man besser daheim. Wenn's heute nicht geht, geht's vielleicht morgen, und wenn's morgen nicht geht, geht's vielleicht übermorgen. Das hat mir wahrscheinlich bei all meinen Unternehmungen das Leben gerettet. Dass 1986 so viele Leute umkamen, ist nur – das muss man ganz hart formulieren – den Teilnehmern zuzuschreiben, die glaubten, da oben auf 8000 Metern kann man das schlechte Wetter abwarten. Das ist das Schlechteste, was man tun kann. Der Grund, wieso ich noch am Leben bin, ist der, dass ich immer geschaut habe, dass ich wegkomme von da oben. Weil man in dieser Höhe einfach nur mehr schwächer wird und dann keine Kraft mehr hat, um hinunterzugehen. Und das hat funktioniert, weil ich schnell war, sowohl im Aufstieg als auch im Abstieg.

Ein Jahr nach der Enttäuschung am K2 lief der Nanga Parbat dafür bestens. So gut, dass ihr ein paar Wochen danach gleich noch zum Dhaulagiri aufgebrochen seid. War das ein spontaner Entschluss?
Das war ein spontaner Entschluss. Während des Fluges nach München hatte ich mit dem Michl ausgemacht, dass wir unsere gute Form ausnützen sollten und den Dhaulagiri angehen. Damals war das ja noch nicht Usus, dass man innerhalb eines Jahres zwei Achttausender macht. Als wir dann in München ausstiegen und Regina mich abholte, Christian und Alexander waren auch dabei, musste ich ihr sagen, dass ich nach kurzer Zeit schon wieder zur nächsten Expedition aufbrechen würde. Sie musste gute Miene zum bösen Spiel machen. Aber leider war der Dhaulagiri dann wieder völlig verkorkst.

Wieso verkorkst?
Wir starteten mit großen Ambitionen, wir waren guten Mutes und waren uns sicher, den Dhaulagiri reißen wir nieder. Wir waren nur zu zweit, hatten einen Sherpa-Sirdar und bis zum Basislager ein paar Träger. Schon in Kathmandu regnete es permanent. Während der Anfahrt gingen mehrere Muren ab, wir mussten die Autos wechseln, das war alles sehr mühsam, weil wir ja nicht viele Träger hatten. Als wir dann endlich am Berg waren, hat es immer noch geregnet, mittlerweile war alles nass. Die Blutegel haben uns aufgefressen, das war nicht mehr lustig, das war eklig. Wir trafen auf eine tschechische Expedition, geleitet von Jiři Novák, die die Westwand vorhatte, während wir den Nordostsporn begehen wollten. Wir querten also auf der Nordseite des Dhaulagiri den Gletscher und schlugen dort unser bescheidenes Basislager auf. Von

Die Dhaulagiri-Südwand, vom Poon Hill aus gesehen

dort weg wollten wir im Alpinstil unterwegs sein, hatten also nur ein einziges Hochlagerzelt dabei. Zu dem Zeitpunkt war ich dann schon ein bisschen verkühlt, aber eigentlich war das alles noch im Rahmen.

Ihr wurdet ja auch ständig nass.

Wir waren permanent nass. Aber das war noch nicht der Moment, wo wir gesagt haben, nein, da machen wir nicht mehr weiter. Allerdings habe ich schon gespürt, dass ich körperlich nicht mehr so fit war, ich hustete und hatte Auswurf. Nach zwei Rasttagen im Basislager, als das Wetter etwas besser wurde, starteten wir zu einer Erkundung und stellten fest, dass die Verhältnisse am Gletscher verheerend waren. Wir mussten ständig auf und ab, und eine riesengroße Randspalte von der „Poire", der Birne, herunter versperrte den Weiterweg. Also erst mal zurück ins Basislager. Am nächsten Tag schlechtes Wetter, Ruhetag. Mittags stand ich dann mal auf und wunderte mich, warum ich mit der Atmung Probleme hatte.

Wie hoch wart ihr da?

Das werden etwa 4300, 4400 Meter gewesen sein. Eigentlich keine Höhe. Ich habe das nicht überbewertet und habe mich wieder hingelegt und geschlafen. Irgendwann am Nachmittag bin ich aufgeschossen, weil ich keine Luft bekam. Ich lag am Rücken und bekam keine Luft. Und wie ich mich drehte und wendete, das wurde nicht besser. Bis ich mir einbildete, ich hätte ein Höhenlungenödem. Der Michl, der neben mir lag, hatte schon gemerkt, dass etwas nicht stimmte, weil ich so unruhig war. „Ja, Michl, ich derschnauf's so schlecht", erklärte ich ihm. Das höre ich, sagte er, du rasselst ja. Bist du narrisch, dachte ich mir. Natürlich hatten wir damals auch nichts dabei. Der Habeler kriegt doch kein Höhenlungenödem, das gibt's doch nicht.

Michl Dacher – Partner am Nanga Parbat und Dhaulagiri

Ihr hattet einfach nur eine Notfallapotheke dabei, keine Medikamente gegen Höhenkrankheit?

Ja, wir hatten Kopfschmerztabletten und so etwas mit, aber keinen Sauerstoff – gar nichts. Da bekam ich dann Panik. Es war halb sechs Uhr abends, schon bald dunkel, aber ich dachte, wenn ich es noch ins Basislager der Tschechen schaffen würde, da waren zwei Ärzte. Die hatten sicher Antibiotika oder irgendein Mittel, das meiner Lunge helfen würde.

Wie viele Höhenmeter musstest du da hinunter?

Das war nicht so weit, zwei oder zweieinhalb Stunden, vielleicht auch drei. Das würde ich schon schaffen. Ich packte in aller Eile den Schlafsack in den Rucksack, nahm die Stirnlampe und schaute, dass ich so schnell wie möglich über den Gletscher zu den Tschechen kam. Es nieselte leicht. Es wurde dunkel. Es regnete stärker. Und ich bekam fast keine Luft mehr. Aber ich dachte, da komme ich schon noch hinunter. Das muss gehen. Dann war es stockdunkel. Es war eine idiotische Flucht – ich hätte im Zelt liegen bleiben sollen, mich auf die Seite legen, viel trinken, dann wäre das wahrscheinlich von selbst wieder weggegangen. Am Beginn des Gletschers ging es eine kleine Flanke hinunter, das konnte ich im Licht der Stirnlampe erkennen. Und eh ich mich versehen hatte, rutschte ich aus und flog vier oder fünf Meter ins Gletschergeröll hinunter. Es war nicht so schlimm, ich hatte mir nicht wehgetan, aber die Lampe war kaputt. Ich saß da im Dunklen, und es regnete, was ging. Da wurde mir klar, dass es jetzt eng wurde. Dass ich mich jetzt besinnen musste, denn wenn ich weiterhin hektisch wäre und irgendeinen Fehler machte, dann wäre ich am nächsten Tag hin. Dass ich ohne Lampe niemals über den Gletscher finden würde, war sowieso klar. Also musste ich irgendwo einen Platz finden, wo ich drunterschlüpfen konnte, damit ich wenigstens vor dem ärgsten Regen geschützt war. Ich krabbelte also über den Abhang wieder hinauf, weil ich in Erinnerung hatte, dass rund 20 Meter weiter oben ein Stein war, nicht groß, aber etwas überhängend, sodass ich mich in meinem Schlafsack halb liegend, halb sitzend unterstellen konnte. Für den Moment war ich sicher, wurde ruhig. Irgendwann habe ich gemerkt, dass es so stark regnete, dass es nun doch auf den Schlafsack tropfte und langsam alles nass wurde. Da war es dann so gegen halb neun, neun, und es wurde immer kälter. Mit Muskelanspannungsübungen versuchte ich, mich warm zu halten. Die Zeit verging unendlich langsam. Ich hatte alles angezogen, was ich hatte, die Mütze, die Handschuhe, aber alles war waschlnass. Plötzlich fiel mir auf, dass es so still war. Der Regen war in Schnee übergegangen. Es war es dann mal halb eins, dann war's eins, dann war's Viertel nach eins – und es wurde eisig kalt. Der Schlafsack war gefroren und raschelte bei jeder Bewegung, die ich machte. Da habe ich dann natürlich schon gewusst, jetzt muss ich aufpassen, dass ich nicht erfriere, jetzt muss ich mich wehren. Ich wurde richtig hektisch, versuchte die Oberschenkel, die Unterschenkel, die ganze Körpermuskulatur permanent zu spannen. Ich durfte auf keinen Fall einschlafen. Irgendwie musste ich diese Nacht herumbringen, und es war erst halb drei. Um sechs würde es hell werden, vielleicht könnte ich schon um halb sechs los, spätestens um acht wäre ich bei den Tschechen. Ich schlotterte, ich zitterte, ich fror erbärmlich, und irgendwann brachte ich den Willen nicht mehr auf und schlief ein. Ich muss eingeschlafen sein, denn plötzlich sah ich den Tunnel vor mir. Diesen dunklen Tunnel mit einem wunderschönen, hell erleuchteten, strahlenden Ausgang. Mir war warm und angenehm, ich fühlte mich unglaublich wohl.

Also kein Erlebnis von Angst oder –

Nein, im Gegenteil! Es war wohlig, es war schön. Nachdem ich den Tunnel gesehen hatte, wurde ich sofort munter. Ich bin da froh unter meinem Stein gesessen, und nichts hat mir gefehlt. Ich wartete, bis es hell genug war, rappelte mich auf und ging ganz langsam ins tschechische Basislager hinunter, vorbei an der Stelle, wo ich am Vorabend hinuntergestürzt war. Die Expeditionsärztin der Tschechen diagnostizierte eine Lungenentzündung. Fünf Tage lag ich dann völlig geschwächt bei denen in einem winzigen Zelt, bekam Antibiotika und viel Essen und wurde langsam wieder hochgepäppelt. Weil das Wetter schlecht blieb, brach auch Michl Dacher ab und kam herunter ins Basislager, gemeinsam marschierten wir dann wieder hinaus.

Diese Nahtoderfahrung – was du erzählst, deckt sich ja in vielem mit den Beschreibungen anderer Menschen, die dem Tod nahe waren – war bestimmt ein einschneidendes Erlebnis für dich.
Ich hatte da natürlich insgesamt sehr viel Glück, dass ich überlebt habe, einmal, dass ich nachts auf dem Gletscher nicht weiter hinunterfiel, und dann, dass ich überhaupt wieder aufgewacht bin. Ich war da sicherlich schon „ein Stückerl drüben", so unterkühlt, wie ich war. Regina hat sich viel mit Sterbeforschung befasst, sie hat einige Bücher von Elisabeth Kübler-Ross gelesen. Der Tunnel, das war einfach ein Loch, und da war es herrlich warm, hell, angenehm, ruhig. Das Besondere war, dass ich, nachdem ich wieder aufgewacht war, so ruhig und so geborgen war. Das gleißende Licht brachte mich wieder zurück; meine Verzweiflung, meine Angst vor dem Erfrieren waren weg. Ich wusste, es kann mir nichts passieren, es ist alles in Ordnung, sobald es Tag wird, steige ich ab. Ich fühlte mich irgendwie beschützt.

Hast du so etwas ähnlich intensiv noch einmal erlebt?
Nein, später nie mehr. Es gab allerdings ein paar Situationen, in denen ich das Gefühl hatte, dass mich eine Person begleitet – das ist ja ein bekanntes Phänomen beim Höhenbergsteigen, davon haben schon mehrere Achttausender-Besteiger berichtet. Am Nanga Parbat war das zum Beispiel so. Man kommt etwas rechts vom Vorgipfel auf den Grat, der relativ eben, aber nach rechts und links sehr steil abfallend zum Hauptgipfel des Nanga Parbat hinüberführt. Während ich diesen sehr ausgesetzten Gipfelgrat überschritt, hatte ich ständig das Gefühl, dass jemand hinter mir ging. Da war aber niemand. Man redet ja oft von einem Schutzengel, der einen begleitet. Ich persönlich stelle mir vor, dass ich von einem guten Freund begleitet wurde, der schon gestorben ist. Das könnte vielleicht Herbert Woopen gewesen sein, einer meiner besten Freun-

de und jemand, den ich für das, wofür er seine Lebensenergie eingesetzt hat, sehr bewundert habe. Er war im Jahr davor gestorben, mit 50 Jahren. Ursprünglich war er ein Gast meines Bergführerkollegen Kuno Rainer, von dem ich ihn übernommen habe. Er stammte aus Aachen, studierte Theologie – übrigens bei Karl Rahner, der ja zuletzt in Innsbruck lebte – und wurde Pfarrer. Außerdem unterrichtete er am Rhein-Maas-Gymnasium in Aachen und setzte sich dort immer stark für die Jugendlichen ein, nahm sie mit zum Klettern und war viel für sie da. Er war fürsorglich und bescheiden. Er war auch ein sehr guter Pianist, und immer wenn er beruflich unter Druck stand oder überhaupt im Stress war, spielte er in Gedanken Klavier. Ich bin viel mit ihm geklettert, schwere Touren. Er erzählte, dass er nur bei zwei Tätigkeiten nicht im Kopf Klavier spielte: wenn er die Messe las und wenn er kletterte. Dann konnte er sich ganz auf den Augenblick konzentrieren. Im Dezember 1984 besuchte er mich im Zillertal. Er kam, um sich von mir zu verabschieden – er spürte, dass er nicht mehr lang zu leben hatte. Ich fuhr mit ihm zu einem weiteren Pfarrer nach Gossensass hinein, von dem er sich auch verabschieden wollte. Dann brachte ich ihn nach Innsbruck auf den Zug. Er sagte: „Wir werden uns nicht mehr sehen.“ Ihm war klar, dass es zu Ende ging, weil er praktisch permanent gedanklich Klavier spielte. Alles auswendig, Chopin, Beethoven, er spielte alles auswendig. Und er war so unter Druck, dass er nichts mehr anderes tun konnte. Er brauchte viele Tabletten. Und nach Weihnachten hat ihn seine Haushälterin tot im Bett gefunden.

Von ihm fühltest du dich begleitet.

Ja, das stelle ich mir vor. In Situationen – auch später am Cho Oyu oder am Kangchendzönga –, in denen ich selbst nichts mehr dazu beitragen konnte, dass wir gesund herunterkamen. Wenn wir einfach nur Glück hatten, wenn die Lawine, die normalerweise schon längst abgegangen wäre, eben nicht abging. Ich bin überzeugt, dass es diese Leute gibt, die dich als Schutzengel begleiten. Davon bin ich einfach überzeugt. Ich kann nicht anders.

Du hast in dieser Nacht am Dhaulagiri die Grenze zwischen Leben und Tod erlebt. Hast du dadurch die Angst vor dem Tod verloren?

Ich glaube, so richtig Angst vor dem Tod hatte ich nie. Natürlich, wenn man irgendwo im Steilgelände steht und in den Abgrund hinunterschaut, da denkt man sich schon, mein Gott, wenn ich da hinunterfalle – aber das ist etwas anderes, in diesem Moment ist die Angst sinnvoll, denn sie macht einen wachsam. Aber so ganz grundsätzlich fürchte ich mich auch jetzt nicht vor dem Tod. Das meine ich nicht großspurig. Der Tod ist Schicksal, und wenn er kommt, dann muss man ihn annehmen. Wenn ich zum Beispiel im Flugzeug sitze und es Turbulenzen gibt, wieso soll ich mich da fürchten? Wenn das Flugzeug abstürzt, ist das schicksalhaft, dagegen kann ich nichts unternehmen, also brauche ich auch keine Angst davor zu haben. Angst als solche, als grundsätzliches Lebensgefühl, können Alpinisten gar nicht haben. Wenn wir Angst vor dem Tod hätten, würden wir nicht extreme Bergsteiger werden. Dann würden wir nicht ohne Sauerstoff auf den Everest gehen oder am Kangchendzönga bei fürchterlichen Verhältnissen versuchen, doch noch den Gipfel zu erreichen. Das würden wir nie tun.

Herbert Woopen: Verbundenheit über den Tod hinaus

Du hast also ein Grundvertrauen, das dir das Bergsteigen ermöglicht. Was machst du mit der konkreten Angst an einer ausgesetzten Stelle?

Wenn man diese extremen Touren macht, die wir gemacht haben, wenn man schwer klettert, dann muss man sich schon ein bisschen überwinden. Man kommt immer wieder an Stellen, wo man weit über sich hinauswachsen muss – das geht dir selbst beim Klettern sicher genauso, dass du dich immer wieder gewaltig überwinden musst. Wer sagt dir denn, dass das alles funktioniert? Gerade bei einer Erstbegehung, wenn du nicht weißt, was auf dich zukommt, wie der nächste Standplatz ausschaut, ob der Riss noch überhängender wird. Du kämpfst mit dir selbst, bist aber auch dermaßen beschäftigt damit, den nächsten Griff zu erwischen, dass für die Angst gar nicht mehr viel Raum bleibt. Letztlich ist das Bergsteigen ein Kampf gegen den eigenen inneren

Schweinehund. Und ich führe diesen Kampf gern. Das Glücksgefühl beim Bergsteigen, diese ungemeine Befriedigung, die resultiert ja gerade daraus, dass ich meinen inneren Schweinehund überwunden habe. Das hat mir immer wahnsinnig viel gegeben, Stellen zu klettern, wo ich mich überwinden musste.

Woher nimmst du das grundsätzliche Vertrauen?
Das ist wohl eine Mischung aus Selbstvertrauen – man hat sich ja auch entsprechend vorbereitet, ist gewappnet – und Vertrauen darauf, dass es schon richtig kommen wird. Gottvertrauen meinetwegen, Vertrauen in eine höhere Gewalt. Der Tod wird eintreten, wenn der Zeitpunkt dafür gekommen ist.

Aber trotzdem hängst du am Leben.
Natürlich, ich lebe sehr gern! Aber das eine schließt ja das andere nicht aus. Ich bin gern auf der Welt, ich möchte gern noch länger leben, ich möchte gern noch möglichst lange gesund bleiben, wie alle anderen Menschen auf der Welt wahrscheinlich auch. Das Leben ist wunderschön.

DIE HIGHLIGHTS DES ZILLERTALS

Die Zillertaler Alpen sind bekannt und berühmt als unerschöpfliches Reservoir an alpinen Zielen aller Schwierigkeitsgrade. Dem Alpinisten der „schärferen“ Richtung bietet das Zillertal jede Menge an anspruchsvollen Eis- und Felsfahrten und natürlich auch kombinierte Touren. Der Bergsteiger kann zwischen Gletschertouren und Gipfelbesteigungen unterschiedlicher Schwierigkeit wählen. Vor allem aber der Erholung suchende Wanderer findet hier eine große Auswahl an Zielen und Tourenmöglichkeiten, die ihresgleichen suchen.

Typisch für das Zillertal sind die „Gründe“, die allesamt durch herrliche Wanderwege erschlossen sind. Zillergrund, Stilluppgrund, Zemmgrund und Tuxer Tal heißen die von Mayrhofen fächerartig ausstrahlenden Hochgebirgstäler. Bereits um die Wende zum 20. Jahrhundert bauten dort – meist an den Talschlüssen – die Sektionen des Deutschen Alpenvereins ihre Hütten. Der Kontrast von dunklem Urgestein und sonnenbeschienenen weiten Gletscherflächen macht alpine Unternehmungen im Zillertal zu einem unvergesslichen Erlebnis.

Die bergsteigerische Erschließung der Zillertaler Alpen erfolgte relativ spät, ab etwa 1840 – viele Gipfel der Ostalpen waren zu diesem Zeitpunkt schon erstiegen. Neben Vermessern war als einer der ersten Alpinisten Peter Karl Thurwieser aktiv; er erstieg unter Führung eines Senners die Ahornspitze, den Großen Mörchner sowie den Schrammacher. In die Zeit von 1862 bis 1880 fallen die ersten Besteigungen von Hochfeiler, Reichenspitze, Großem Möseler, Turnerkamp, Feldkopf und zahlreichen anderen Gipfeln. Namen wie Eugen Guido Lammer, Fritz Drasch, Paul Grohmann oder Otto und Emil Zsigmondy (übrigens waren die Wiener die ersten führerlosen Bergsteiger im Zillertal) bürgen für die Qualität dieser Anstiege. Nicht unwesentlich mitbeteiligt an

der Erschließung waren englische Alpinisten: Tuckett, Freshfield und Fox gelang die Erstbesteigung des Großen Möselers, Hudson, Taylor und Pendlebury die des Turnerkamps. Der Großteil dieser Touren erfolgte in Begleitung Einheimischer, der „Steinklauber-Josele" Georg Samer etwa war einer der ersten „Bergführer" des Zillertals.
Mit dem Bau der Berghütten – der Berliner Hütte 1879, der Olpererhütte 1881, des Furtschaglhauses 1889, der Greizer Hütte 1893, der Geraer Hütte 1895, der Plauener Hütte 1899 – wurden Stützpunkte geschaffen, die den Zugang zu den abgelegenen Gipfeln erleichterten. Die Initiatoren waren durchwegs deutsche Alpenvereinssektionen, die bereits damals den Erholungswert des Gebirges erkannten. Seither ist mehr als ein Jahrhundert ins Land gegangen, der Tourismus und vor allem der Skitourismus haben sich entwickelt, die Besucherzahlen sind sprunghaft angestiegen. Ohne Zweifel hat auch der Moloch „Übererschließung" vor dem Zillertal nicht haltgemacht. Und doch ist, wenn man sich ein wenig abseits vom Rummel begibt, trotz des Baus von Kraftwerken und Liftanlagen viel von der Ursprünglichkeit des Tales erhalten geblie-

Am Olperer-Südgrat mit Blick auf Großen Löffler, Schwarzenstein und Großen Möseler im Hintergrund, unten der Schlegeisspeicher

Der Große Möseler gehört zu den faszinierendsten Berggestalten der Zillertaler Alpen.

ben. Mittlerweile ist es sogar so, dass viele Gipfel nicht mehr betreten, zahlreiche Routen nicht mehr begangen werden und in Vergessenheit geraten. Es gibt kaum jemanden mehr, der die herrlichen klassischen Gratüberschreitungen unternimmt, für die Berge wie der Große Möseler, der Turnerkamp, die Mörchnerschneid, die Wildgerlos- oder Reichenspitze bekannt sind. Hinzufügen muss man allerdings, dass es sich bei diesen Anstiegen – zumeist im dritten bis vierten Schwierigkeitsgrad – um lange, anspruchsvolle Touren handelt, die nicht jedermanns Sache sind und viel alpines „Fingerspitzengefühl" verlangen. Trotzdem ist diese Entwicklung schade, sind solche Überschreitungen oder auch abenteuerliche Gletscherüberquerungen mit anschließender Besteigung eines prächtigen Gipfels doch das Salz in der Suppe jedes gut ausgebildeten Bergsteigers.

Neben den auf Normalwegen erreichbaren alpinen Zielen Reichenspitze, Wollbachspitze, Großer Löffler, Großer Möseler und Olperer liegen heute wieder Bergwanderungen von Hütte zu Hütte, mittlerweile gern als Hütten-Trekkings bezeichnet, im Trend. Die Zillertaler Hütten sind eben nicht nur

Ausgangspunkte für Hochtouren, sondern auch Verbindungspunkte auf den gut angelegten Höhenwegen. Als eine der wohl schönsten Durchquerungen der gesamten Ostalpen gilt der Zillertaler Höhenweg von der Kasseler Hütte zur Geraer Hütte. Auf der Nordseite des Alpenhauptkamms führt ein sehr schön angelegter Steig von einer Hütte zur anderen, die Tagesetappen schwanken zwischen vier und sechs Stunden. Die hochalpine Wanderung führt über unvergletscherte Gebiete, allerdings müssen besonders im Frühsommer öfter Schneefelder gequert werden, die ein gewisses Gefahrenmoment darstellen. An ausgesetzten Passagen wie an der Mörchnerscharte oder am Schönbichler Horn wurden Seilsicherungen angebracht. Diese Durchquerung ist bei guten Wetterbedingungen keine Hexerei, allerdings kann innerhalb kurzer Zeit durch Schlechtwettereinbruch ein hochalpines Unternehmen daraus werden. Gutes Schuhwerk und wetterfeste Kleidung sind unbedingt erforderlich. Sprichwörtlich ist die prächtige Flora – der Blumenfreund wird ohne Zweifel auf seine Rechnung kommen. Aber auch die Fauna kommt nicht zu kurz, wenn einem auch heute nicht mehr wie in früheren Zeiten Steinböcke über den Weg laufen. Dafür gibt es zur Genüge Murmeltiere und Gämsen. Für besonders ambitionierte Bergwanderer sei noch der Übergang von der Edelhütte zur Kasseler Hütte erwähnt, der Siebenschneidenweg, dessen Länge von etwa sechs bis acht Stunden aber gute Kondition und sicheres Wetter voraussetzt.
Dasselbe gilt auch für den Berliner Höhenweg von der Gamshütte zum Friesenberghaus oder weiter zur Olpererhütte. Dunkles Urgestein, scharf geschnittene Grate über hell glänzenden Gletschern, grünen Matten und tief eingeschnittenen Talgründen – das ist der bestimmende Grundakkord bei dieser Wanderung durch den westlichen Teil der Zillertaler Alpen. Sie zeigt einige der großartigsten Seiten dieser an herrlichen Landschaftsbildern reichen Gebirgsgruppe. Die düstere Nordwestwand des Schrammachers, die eisstarrende Hochfernergruppe oder der Blick auf den mächtigen „Dom“ des Großen Möselers werden Eindrücke hinterlassen, die lange in Erinnerung bleiben. Höhepunkt dieser überwiegend auf geschickt angelegten Pfaden verlaufenden Wanderung durch eine hochalpine Urweltlandschaft bildet die Besteigung des Hochfeilers – bei guten Bedingungen eine höchst empfehlenswerte Unternehmung, die durch die vor zwanzig Jahren wiederaufgebaute Hochfeilerhütte erheblich erleichtert wird.
Leichtere, auch bei schlechtem Wetter empfehlenswerte Alternativen finden sich im Bereich Mayrhofen, Lanersbach und Finkenberg. Unschwierige Berg-

wanderungen führen von Brandberg auf das Kolmhaus oder von Mayrhofen auf die Edelhütte. Auch die Verbindungswege vom Lanersbacher Kreuzjoch zur Gamshütte oder vom Gerlosstein zum Steinerkogel gehören in diese Kategorie leichter, aber lohnender Wanderungen. Eine ausgesprochen schöne Rundtour, die ebenfalls immer machbar ist, führt vom Schlegeisspeicher über die Olpererhütte und das Friesenberghaus zur Dominikushütte.

Aus dem großen Tourenangebot, das im Bereich der Zillertaler Gipfel vorhanden ist, einige besonders schmackhafte „Rosinen" auszusuchen fällt mir nicht leicht, sind doch die meisten Anstiege am Großen Möseler, am Turnerkamp, am Großen Löffler oder am Hochfeiler von ausgesuchter Schönheit. In diesem Zusammenhang noch eine Warnung: Bezüglich der Schwierigkeitsbewertung von Kletterrouten sollte man sich vor Augen führen, dass die Länge der Touren und die Brüchigkeit des Gesteins einen fünften Grad im Zillertal gegenüber einem fünften Grad im Klettergarten doch erheblich aufwerten und die Anstiege schnell zu anspruchsvollen Unternehmungen machen.

Der bekannteste Kletterberg der Zillertaler Alpen ist die auch als Feldkopf bezeichnete Zsigmondyspitze (3087 m). Dieser dem Matterhorn ähnliche Gipfel, der einst als vollkommen unbesteigbar galt, wurde erstmals 1879 von Emil und Otto Zsigmondy erreicht. Der Weg der Erstersteiger von der Gunggl wird allerdings wegen des sehr brüchigen Gesteins kaum mehr begangen. Der sogenannte Normalanstieg führt über die Südwestseite des Berges. Ausgangspunkt ist die Berliner Hütte. Man verfolgt den Weg in Richtung Mörchnerscharte, quert oberhalb des Schwarzsees hinüber zur Feldscharte und gelangt über ein System von Bändern – die schwierigste Stelle, im zweiten Grad, ist die sogenannte „Platte" – zum Gipfel. Die Kletterei ist durchwegs ausgesetzt, die Benutzung eines Seiles ist erforderlich. Vom Einstieg rechnet man eine bis zwei Stunden.

Wer mit diesem Anstieg nicht ausgelastet ist, hat die Möglichkeit, eine Reihe von schweren Anstiegen durch die Floite zu machen, sollte aber immer das brüchige Gestein berücksichtigen. Insbesondere der Ostnordostgrat (Feldkopfkante, V) sowie die Nordostwand (V), beides Routen von Hans Fiechtl, bieten großzügige Plattenkletterei, wobei als Zugang zumeist über die Feldrinne zu den Einstiegen abgestiegen wird. Außerdem stehen noch der Westgrat (IV) und der Südostgrat (V) zur Auswahl.

Die formschöne Pyramide des Turnerkamps (3418 m) mit ihren langen Graten bietet eine eindrucksvolle Aussicht, erfordert aber auf allen Routen Erfahrung und Ausdauer. Dieser Gipfel wird zu Unrecht selten bestiegen, bietet er doch eine Reihe von außergewöhnlichen Gratklettereien, die beinahe klassisch genannt werden können. Ohne Zweifel zählt die Überschreitung des Turnerkamps von Ost nach West oder aber umgekehrt zu den lohnendsten Bergfahrten, die das Zillertal zu bieten hat. Die Schwierigkeiten liegen im dritten bis vierten Grad, wobei besonders eine Passage am Westgrat, die über einen Reitgrat führt, hervorzuheben wäre. Der Abstieg erfolgt zumeist über die Südostflanke und quert südseitig wieder zurück zur Rossruggscharte. Ausgangspunkt ist wiederum die Berliner Hütte.

Der meistbegangene Gipfel am Hauptkamm dürfte der Große Möseler (3478 m) sein. Als schönster Anstieg gilt der Waxeckgrat. Man erreicht ihn von der Berliner Hütte oder vom Gasthaus Alpenrose. Der Anstieg führt über das meist sehr zerklüftete Waxeckkees, durch kombiniertes Gelände im zweiten Schwierigkeitsgrad und über die abschließende Firnschneide zum Westgrat, über den unschwierig der Gipfel erreicht wird. Abgestiegen wird häufig über die Südostflanke; man quert zurück zur Östlichen Möselescharte und steigt über das Waxeckkees zu einer der beiden genannten Hütten zurück. Dafür benötigt man etwa fünf bis acht Stunden.

Die breite, mächtige Felspyramide des Grundschartners (3064 m) im Zillergrund weist die bekannteste Urgesteinskletterei auf, die das Zillertal zu bieten hat. Kein Geringerer als der bekannte Kaiser-Kletterer und Expeditionsbergsteiger Peter Aschenbrenner, der übrigens eine Reihe schöner, anspruchsvoller Erstbegehungen im Zillertal gemacht hat, eröffnete 1928 einen großzügigen Anstieg über die mehrere hundert Meter hohe Nordkante, den „Mittergrat". Allerdings sind es nicht nur die prächtigen Kletterstellen an der Kante, die begeistern, sondern auch das „Drumherum": Bereits der Anstieg zu Bodenalpe – man startet vom Gasthaus Häusling – ist äußerst reizvoll. Mittlerweile zähle ich meine Begehungen der Nordkante nicht mehr, aber immer wieder bin ich begeistert von der Schönheit des Bodengrunds und freue mich über die elegante Linienführung der Aufstiegsroute über den Mittergrat. Es besteht die Möglichkeit, auf der Bodenalpe zu nächtigen, der Anmarsch zum Beginn der eigentlichen Kletterei dauert etwa zweieinhalb Stunden. Für die Kante selbst rechnet man mit rund fünf Stunden. Der Abstieg allerdings ist etwas verwickelt: Nachdem man südseitig des Gipfels eine Abseilstelle vorfindet, quert man zur Ostscharte hinüber und steigt über eine steile Flanke Richtung Norden zurück zur Bodenalpe.

„ICH WOLLTE EINFACH DA HINAUF"

Wenn ich so provokativ fragen darf, Peter: Bist du wirklich so bodenständig, wie es den Anschein hat?
Ich bin halt nun mal ein Zillertaler, ich bin hier geboren und aufgewachsen. Ich komme immer wieder gern heim, um hier eine Zeit lang zu leben – aber ich fahre auch gern wieder weg. Ich war in meinem Leben sehr viel unterwegs, habe in den Bergen Südamerikas, im Himalaja, im Karakorum viel Schönes erlebt. Mittlerweile war ich so oft in Nepal, dass es mir schon fast zur zweiten Heimat geworden ist. Aber zu Hause bin ich hier. Vor allem mit den Zillertaler Bergen bin ich sehr verbunden. Ich habe so viele Tage meines Lebens dort oben verbracht ... Und sie bieten alles, was du dir als Bergsteiger wünschen kannst: Steilwände mit extremen Schwierigkeiten, einzigartige Gratklettereien, lohnende Hochtouren, landschaftlich bezaubernde Wanderungen, gemütliche Berghütten, und, wenn man möchte, auch Einsamkeit. Als ich in Amerika war – ich habe ja sechs Winter lang in Wyoming als Skilehrer gearbeitet, auch einen Sommer habe ich in Amerika verbracht –, ging es mir genauso, ich habe die Zeit genossen, aber ich wollte immer zurück. Und die Triebfeder, wieder zurückzukommen, waren einfach die Berge.

Und zwar diese Berge.
Ja, die Zillertaler Berge, der Möseler und der Hochfeiler und meinetwegen der Große Löffler. In Amerika hätte ich die Möglichkeit gehabt, den Sommer über für eine Kletterschule tätig zu sein. Ich habe auch angefangen, dort zu arbeiten, aber dann flog ich doch wieder nach Hause – ich stellte mir vor, jetzt könnte ich auf den Löffler gehen, jetzt könnte ich auf die Kasseler Spitze gehen. Das war nicht Mayrhofen oder Finkenberg, was mich zurückzog, sondern das waren hauptsächlich die Gipfel hier.

Was begeistert dich an den Zillertaler Bergen?
Das sind einfach meine ersten Berge, die Berge meiner Kindheit. Man vergisst die wohl einfach nicht. Wenn ich mir vorstelle, was ich aus meiner Jugend al-

les vergessen habe – aber ich weiß noch jede Tour, die irgendwie ein bisschen außergewöhnlich war, kann mich noch genau an den Ablauf erinnern.

Peter Habeler mit etwa drei Jahren

Wie kam es überhaupt dazu, dass du schon als ganz kleiner Junge mit dem Bergsteigen angefangen hast?

Ausschlaggebend war mein Großvater, der Vater meiner Mutter. Er war Bergführer, übte diese Tätigkeit aber nicht aus, denn er arbeitete als Baumeister. Er hat unter anderem Hütten gebaut, die Kasseler Hütte zum Beispiel, die Friesenberghütte, und er machte auch den Großteil der Bauarbeiten auf der Edelhütte. Eine richtige Firma hatte er, besaß ein Sägewerk, aber in den schlechten Zeiten ging das dann alles zugrunde. Er war damals Chef der Bergführer in der Sektion Zillertal. Mitgenommen in die Berge hat er mich zwar nie – ich war ja auch erst vier oder fünf Jahre alt –, aber durch ihn habe ich in die Alpinistenwelt hineingeschmeckt. Besonders fasziniert war ich von seinem Bergführerabzeichen, dem wunderschönen klassischen Abzeichen, dem Pickel mit dem darübergelegten Seil. Das hat mir imponiert. Mit sieben, acht Jahren war ich dann schon richtig unterwegs. Ganz oft bin ich an die Felswand oberhalb des jetzigen Friedhofs von Mayrhofen gegangen und hinaufgekraxelt. Das Moos hatte ich weggekratzt, und teilweise musste ich mich an Ästen und Wurzeln festhalten, aber ich hatte eine Route durch die vielleicht zwölf Meter hohe Wand gelegt. Es gab eine große Wurzel, das war die Schlüsselstelle, die musste ich erwischen. Mich hat das einfach fasziniert.

Und wie bist du da wieder heruntergekommen?

Ganz leicht, ich musste nur zehn Meter hinüberqueren und dann durch den Wald absteigen. Dann war ich wieder zurück am Einstieg, und es ging von vorn los.

Das hast du immer allein gemacht?

Ja, ich war viel allein. Die Mutter musste arbeiten, vom Vater sah ich nicht viel: Zuerst war er im Krieg, dann Kriegsgefangener, und dann war er krank. Er ist früh gestorben, da war ich erst acht Jahre alt. Deshalb übernahm der Großvater dann die Vaterrolle. Wir wohnten ja in seinem Haus. Meine Eltern haben sich in Niederösterreich kennengelernt, am Schneeberg, wo meine Mutter auf dem Baumgartnerhaus angestellt war. Nach der Heirat wohnten sie in Pottschach; mein Bruder Roman, der fünf Jahre älter ist als ich, wurde dort geboren. Aber meine Mutter zog es zurück nach Mayrhofen, und nachdem mein Vater eingezogen worden war, ging sie mit uns Kindern dorthin. Aus der Kriegsgefangenschaft – er musste am Semmering für die Russen Holz schlagen – kehrte mein Vater mit einer Lungentuberkulose zurück. Er kam nach Hochzirl ins Krankenhaus, aber gesund wurde er nie mehr.

War denn deine Mutter eine Bergsteigerin?

Nein, sie hat das überhaupt nicht interessiert. Aber sie ließ mich zum Glück immer ziehen, auch wenn sie sich Sorgen um mich machte. Sie hatte Verständnis für meinen Wunsch, auf die Gipfel zu steigen. Und dann bin ich halt so als Kleiner losmarschiert. Ob das die Ahornspitze war, der Kolm oder der Grinberg – alles, was von Mayrhofen aus zu erreichen war. Mein Bruder war schon auch ein bisschen ein Bergsteiger, mit ihm ging ich später einmal auf den Olperer. Als ich so elf, zwölf Jahre alt war, hat mich der Volgger Toni auf die Plauener Hütte im hinteren Zillergrund eingeladen. Er war einer der Mayrhofener Bergführer; sein Vater, der Vinzenz Volgger, bewirtschaftete die Hütte. Ich bin dann also allein da hineingelaufen, von Mayrhofen in den Zillergrund, mit einem schweren Rucksack. Dem Toni gefiel es, dass ich so begeistert von den Bergen und so wissbe-

Die Eltern Roman und Ella vor dem Baumgartnerhaus am Schneeberg

Vor der Greizer Hütte, nach der Durchsteigung der Nordostwand des Großen Löfflers

gierig war, und für mich war das ein ganz prägendes Erlebnis, als er mir zeigte, wie man Haken schlägt und mit dem Seil umgeht. In der Zeit danach hat er sehr viel dazu beigetragen, dass ich immer mehr in das Bergsteigen hineingewachsen bin. Er und auch andere Bergführer nahmen mich mit und vermittelten mir das Wissen, das ich brauchte. Das waren damals natürlich noch keine schweren Wände, aber ich hatte eine riesige Freude am Gehen und Steigen. Auch das Hüttenleben hat mir gefallen, das war wie eine neue Welt für mich. Geld brauchte ich nicht viel, auf den Hütten bekam ich immer eine Suppe. Es hat mir imponiert, wenn die Bergführer mit ihren Gruppen aufbrachen, und so entstand irgendwann der Wunsch, selbst Bergführer zu werden.

Du bist dann aber unheimlich früh sehr selbstständig geworden.
Ja, Roman und ich sind sehr selbstständig aufgewachsen. Wie gesagt, die Mutter war viel weg, und sie wusste, dass sie nicht immer um uns herum sein musste. Es gab dann noch die Fanni, die zweite Frau des Großvaters, die auch nach uns schaute. Wir blieben oft allein, aber das hat uns nicht geschadet. Ich glaube, das hat mich ein Stück weit geprägt, ich war auch im Gebirge gern allein. Orientiert habe ich mich dann eben an den Bergführern, habe von ihnen gelernt. Und Gott sei Dank lernte ich nicht von langsamen Bergführern, sondern von flinken. Der Volgger Toni machte keinen langsamen Schritt im Gebirge. Das hat mich natürlich auch geprägt, meinen ganzen weiteren alpinistischen Lebensweg. Deshalb notierte ich später in meinen Tourenbüchern immer tunlichst genau die Begehungszeiten. Länger in einer Wand zu sein bedeutet, mehr Gefahren zu haben. Als Bergführer erlebt man oft, wie die Leute herumtrödeln, stundenlang jausnen, ewig brauchen, um an der Gletscherzunge ihre Steigeisen anzuziehen. Natürlich darf man die Leute nicht überfordern, aber das geht doch auch ein wenig flinker. Schnelligkeit ist Sicherheit. Ich schaute halt immer, dass ich nicht allzu lange herumdokterte, dass ich mein Ziel erreichte, zum Gipfel kam und dann wieder in die Sicherheit der Hütte oder des Tales zurückkehrte. Ich war schon ein bisschen getrieben.

Du warst dann also als Jugendlicher schon als Hilfsbergführer mit dabei?
Genau. Mit 16 Jahren verdiente ich das erste Mal ein paar Schilling, als wir mit Engländern unterwegs waren, am Möseler. Bei schlechtem Wetter, den Engländern machte das nichts aus, ob's regnete oder schneite, die gingen trotzdem. Ich sicherte meine Seilschaft hinunter, als ich plötzlich abrutschte

und an meinen Gästen vorbeiflog. Otto Geisler, der Bergführer, erwischte irgendwie noch das Seil und hielt mich. Es war kein drastischer Absturz, nur ein Ausrutscher, aber trotzdem: an meinen Leuten vorbei. Ich tat dann so, als sei das ganz normal, dass ich da auf dem Hosenboden vorbeigerutscht komme. Ich kann mich auch noch erinnern, dass wir einmal mit einer Lawine abfuhren. Mit Toni Volgger gingen wir, ebenfalls bei ganz schlechten Verhältnissen, von der Berliner Hütte auf die Vierte Hornspitze. Die Gäste waren ja manchmal richtig lästig – die wollten einfach immer gehen, ganz egal, wie das Wetter war. Wir wollten das nicht immer, und der Toni war ein recht lustiger und ehrgeiziger Bursche. Manchmal legte er ein extra schnelles Tempo vor, um seine Gäste ein bisschen zu plagen.

Und um dafür zu sorgen, dass sie möglichst bald erledigt waren.

Richtig. Aber diese Gruppe war gut drauf. Wir sind dann da hinauf in den Hang, gesehen haben wir nichts, wir waren komplett in den Wolken. Toni hatte eine untrügliche Orientierungsgabe, auch ohne Bussole, er kannte das Gebiet wie seine Westentasche. Er führte die erste Seilschaft, ich die zweite; ich glaube, wir hatten beide drei Leute dabei. Auf einmal tat es einen Schlag, oben öffnete sich ein Maul im Schnee, und wir purzelten alle wieder herunter. Es war nichts Dramatisches, wir fielen vielleicht 40, 50 Meter in diese Kuhle hinunter. Zum Glück waren wir angeseilt, so konnten wir die Leute problemlos ausgraben. Groß verletzt hat sich niemand, aber ein Schreck war das schon. Solche bösen Überraschungen erlebte ich aber selten. Beim Führen war ich glücklich: Ich war in meinen geliebten Bergen, und ein bisschen Geld verdiente ich auch noch dabei.

Gab es damals schon viel Tourismus im Zillertal?

Na ja, der Krieg hatte dem Fremdenverkehr natürlich stark zugesetzt, und es dauerte eine gewisse Zeit, bis er sich wieder erholte. Die Hütten waren auch während der Kriegszeit bewirtschaftet, aber da stiegen höchstens ein paar Einheimische oder Soldaten hinauf. Toni Volggers Vater, der auf der Plauener Hütte war, war aus Südtirol gekommen, er war Optant und musste das italienische Südtirol verlassen. Im Frühsommer 1945 hielt sich Erich Kästner eine Zeit lang in Mayrhofen auf, das Kriegsende erlebte er hier. Er hatte sich als Mitglied einer Filmcrew der UFA ausgegeben, um aus Berlin fliehen zu können. In seinen Tagebuchaufzeichnungen berichtet er davon, dass er im – übrigens heute noch existierenden – Waldcafé saß und die Nöte der Soldaten mitbekam, die sich vergeblich um Zivilkleidung bemühten. Und dass die Zillertaler mit „Fremden“ wie ihm keine große Freude hatten. Nachdem 1945 die Franzosen einmarschiert waren, bekamen wir Kinder von den Besatzungssoldaten oft Schokolade oder Zuckerln. Aber die ganze Tragweite des Krieges haben wir natürlich nicht begriffen.

Als es dann Anfang, Mitte der Fünfzigerjahre aufwärts ging mit dem Tourismus, was waren das für Leute, die ins Zillertal kamen?
Mayrhofen war als Luftkurort bekannt. Viele Leute kamen hierher in die „Sommerfrische“, um sich zu erholen. Vom Ort aus hatten sie jede Menge Möglichkeiten, in die schönen Talgründe hineinzuwandern. Aber natürlich war Mayrhofen auch ein exzellenter Ausgangsort für Bergsteiger. Das Zillertal bot attraktive Gipfelziele für ernsthafte Alpinisten, und von denen kamen im Lauf der Zeit immer mehr. Das waren oft Akademiker, auf jeden Fall gut situierte Leute, die sich die Reise, das Übernachten auf den Hütten und den Bergführer leisten konnten. Unter den Alpinisten waren damals häufig Engländer. Schließlich entwickelte sich das Zillertal zu einem beliebten Urlaubsziel für die bergsteigende und Ski fahrende „Masse“. Seilbahnen wurden gebaut, Mayrhofen wurde zu einem der wichtigsten Fremdenverkehrsorte in Tirol.

Für dich war also schon früh klar, dass du Bergführer werden willst.
Die Bergführerausbildung war mein Ziel, ja, ich wollte das Hobby mit dem Beruf verbinden. Aber zunächst machte ich eine Ausbildung an der Glasfachschule in Kramsach, draußen im Inntal. Meine Mutter wollte, dass ich „etwas Ordentliches“ lerne. Ich beschäftigte mich also im Herbst, im Winter und im Frühjahr mit Glasveredelung, Bleiverglasen, Glasmalerei, und im Sommer ging ich führen.

Das Glasmalen hat dich aber nicht so begeistert, dass du dabeigeblieben wärst?
Nein, woher denn, ich habe nun wirklich keine große künstlerische Begabung. Ich konnte ein bisschen zeichnen, Entwürfe machen. Später einmal zeichnete ich für die Firma Stubai Eisklettergeräte, Pickel und Steigeisen. Aber ich bin, im Gegensatz zu meinem Bruder Roman, der malt, kein Künstler. Sobald

An der Schlüsselstelle der „Philipp/Flamm“ in der Civetta-Nordwestwand

ich meinen Gesellenbrief hatte, verlegte ich mich total auf das Bergsteigen. Das Schöne an der Schulzeit in Kramsach war aber, dass ich dort das Rofangebirge praktisch vor der Nase hatte und in einem neuen Gebiet klettern konnte. Da war ich dann so 16, 17, 18, und wir schauten immer, dass wir ein paar Schulkollegen und -kolleginnen zusammenbrachten, mit denen wir am Wochenende auf die Bayreuther Hütte zum Klettern gingen. Ich war mehr oder weniger der Rädelsführer, ich war besessen vom Klettern. Ich merkte auch, dass ich mich nicht auf das Zillertal beschränken wollte, dass ich mehr wollte. Ich entdeckte zunächst die Wände im Rofan, im Wilden Kaiser und im Karwendel für mich, später dehnte ich meine Aktivitäten auf immer fernere Gebiete aus. Kurz vor meinem 17. Geburtstag hatte ich begonnen, sehr gewissenhaft ein Tourenbuch zu führen. Es beginnt mit der Ostwand und der Nieberlschlucht an der Rofanspitze am 28. Juni 1959, beides im vierten Schwierigkeitsgrad. Bis ins Jahr 1975 habe ich meine Touren mehr oder weniger vollständig aufgezeichnet, aber irgendwann hat sich das dann verloren.

Wer waren in diesen frühen Jahren deine Kletterpartner?

Ich hatte immer das Glück, dass ich sehr gute Leute kennenlernte und sich daraus Freundschaften entwickelten. Beim Klettern muss man sich ja nicht nur gut verstehen, man muss sich hundertprozentig aufeinander verlassen können. Im Rofan war ich viel mit Sepp Spachtholz aus Kramsach unterwegs, daheim im Zillertal mit meinen Freunden Horst Fankhauser und Sepp Kreidl. Wir waren ehrgeizig, stachelten uns in unserem alpinen Tatendrang gegenseitig an, und so wurden wir gemeinsam in relativ kurzer Zeit sehr gut. Ab 1963 kletterte ich dann oft mit dem Osttiroler Sepp Mayerl, dem „Blasl-Sepp“. Ihm war ich durch einen glücklichen Zufall begegnet: Er war nämlich Dachdecker, hatte sich als Kletterer auf Kirchtürme spezialisiert und erneuerte eines Tages das Dach des Kirchturms von Finkenberg. Unsere ersten gemeinsamen Touren gingen wir im Kaiser, den Lucke/Strobl-Riss am Bauernpredigtstuhl, die Südostverschneidung an der Fleischbank, die Wörndlführe in der Predigtstuhl-Westwand. Ich lernte viel von ihm, vor allem, was die Sicherungstechnik betraf – wie man den Standplatz gut absichert, wie man das Doppelseil anwendet. Wir machten große Routen zusammen, im Karwendel die Nordverschneidung von Rebitsch an der Laliderer Spitze, in den Dolomiten die „Comici" an der Großen Zinne, den Marmolada-Südpfeiler und die „Philipp/Flamm" in der Civetta, im Bergell die „Cassin" am Badile.

Da wart ihr dann aber schon im oberen sechsten Grad unterwegs.
Ja, wir steigerten uns schnell. Damals wurden diese extremen Routen alle mit VI bewertet, mehr Schwierigkeitsgrade gab es ja noch nicht. Dafür haben wir manche Stellen aber auch technisch gelöst, wenn es nicht anders ging. Heute sind viele dieser Routen als freie Begehungen mit VII oder VII+ bewertet. Es war eine herrliche Zeit: Ich kam in den schönsten Klettergebieten der Alpen herum, war mit guten Freunden zusammen und kletterte die interessantesten Touren. Außerdem war ich natürlich immer noch sehr oft im Zillertal unterwegs. In der Hauptsache führte ich dort, es reichte aber auch zu ein paar Erstbegehungen.

Zum Beispiel?
Im Juli 1961 beging ich mit Sepp Kreidl zum ersten Mal die Südwestpfeilerverschneidung an der Reichenspitze. Die Wand ist nicht allzu hoch, aber sehr schwer, eine teilweise überhängende Rissverschneidung in nicht ganz zuverlässigem Fels. Nach rund 120 Metern trifft die Route auf den Grat, der dann leicht zum Gipfel führt. Den unteren Teil bewertete ich damals mit V und V+. Der Riss war schmal, ich konnte gerade so das rechte Knie hineinstecken. Im überhängenden Bereich kamen immer wieder kleine Bäuche, die nur durch Piazen, also auf Gegendruck, zu überwinden waren. Das war meine erste schwere Erstbegehung. In fünf Stunden waren wir am Grat oben. Nur hat es dann dummerweise zu schneien begonnen. Wir waren mit Bergschuhen zum Wandfuß gegangen, weil der Zustieg über den Gletscher führte. Am Einstieg ließen wir sie stehen und zogen die Kletterschuhe an. Wir hofften zwar, dass

es uns die Schuhe nicht einschneit, aber genau das ist dann passiert. Obwohl wir nicht mehr zum Gipfel gingen, sondern hinausquerten und in unseren Kletterpatschen über den frisch verschneiten Gletscher abstiegen, mussten wir unsere Bergschuhe ausgraben, die natürlich völlig nass waren.

Abgesichert habt ihr –

– mit geschlagenen Haken, wie damals üblich. Quer- und Längshaken hatten wir, und natürlich Ringhaken. Damit hat sich's gehabt. Zwei am Standplatz und ein paar als Zwischensicherungen. Die haben wir auch belassen. Haken, die wir gesetzt hatten, schlugen wir meistens nicht wieder heraus. Erstens droschen wir sie so gut es ging hinein, damit sie auf alle Fälle hielten, sie wären also so leicht auch gar nicht mehr herausgegangen, und zweitens dienten sie späteren Begehern als Wegweiser. Nun wurde allerdings unsere Route 45 Jahre lang nie wiederholt. Bis im Jahr 2006 die Pfund-Brüder aus dem Zillertal kamen und durch die Verschneidung stiegen. Sie verglichen die Kletterei anschließend mit den Pumprissen, und das will schon etwas heißen.

Das deutet auf alle Fälle darauf hin, dass sie deutlich schwerer als V+ ist.

Wir haben halt früher alles, was an der Grenze war, aber noch frei ging, mit V+ bewertet, im Höchstfall mit VI–. Was wir technisch klettern mussten, war VI, wenn es ganz extrem war, VI+. Das war noch die Skala von Welzenbach, die auch Rebitsch und Buhl verwendet hatten. Später gab es ja dann für technische Stellen die A-Bewertung, A0, A1 und so weiter. Ich wollte die Südwestpfeilerverschneidung eigentlich immer wiederholen, fand aber nie einen Partner, der mitgegangen wäre. Ich bin mir gar nicht sicher, ob ich das noch schaffen würde. Vielleicht probiere ich sie ja doch noch einmal, mit Horst Fankhauser zum Beispiel – möglicherweise komme ich nicht mehr hinauf, das kann schon sein. Aber Risse waren eigentlich meine Spezialität, die ging ich schon immer gern. Im selben Jahr, 1961, machten Sepp Kreidl und ich noch eine zweite Erstbegehung, Ende September: die Nordwand der Gefrorenen Wand. Wir waren damals 19 Jahre alt und wahnsinnig hungrig und bissig, das muss ich dazusagen. Diese Tour, die auch selten wiederholt wurde, war wohl meine schwierigste Erstbegehung im Zillertal, auf jeden Fall die gefährlichs-

Der Südwestpfeiler der Reichenspitze: Durch die Verschneidung führt Habelers schwierigste Erstbegehung.

te, weil im oberen Teil dieser knapp 300 Meter hohen Nordwand das Gelände außergewöhnlich brüchig ist, aber immer noch sehr steil. Lauter aufeinandergeschichtete, in sich verkeilte Blöcke, und wehe, du trittst falsch auf einen drauf, dann rumpelt das ganze Zeug hinunter. Das war die erste Tour, bei der ich eine Stelle mit VI– angegeben habe, denn sie war wesentlich schwieriger als die Direkte Olperer-Nordostwand, die ja auch schon nicht schlecht ist.

Wie seid ihr überhaupt auf die Idee gekommen, da eine Route durchzulegen? War das eine offensichtliche Möglichkeit, die sich angeboten hat?
Von Hintertux aus sieht man den Olperer nur als kleines Zäpfchen, aber der Wandvorbau der Gefrorenen Wand, der fällt sofort ins Auge. Mich hatte immer schon gewundert, warum das Risssystem in dieser Wand noch niemand geklettert war, Fiechtl zum Beispiel, der ja im brüchigen Fels ein Meister war. Erich Hotter, ein väterlicher Freund und der Hüttenwirt auf dem Spannagelhaus, hatte mich auch schon auf die Wand hingewiesen. Selbst wollte er aber nicht mitkommen, weil er die Hütte versorgen musste. Das war ja damals noch viel schwieriger als heute: Zwei-, dreimal in der Woche stieg er mit seinen Pferden nach Hintertux ab und wieder auf, um einen Transport zu machen.

Ende September und dann noch eine Nordwand, das stelle ich mir eher als kaltes Vergnügen vor.
Sonne hatten wir keine, das stimmt, aber wir wollten die Tour einfach noch machen in dem Jahr. Im Nachhinein muss ich mich schon wundern, woher

Bei der Erstbegehung der Nordwand der Gefrorenen Wand, im unteren Wandteil

wir damals diese Frechheit nahmen, dass wir uns das zutrauten. Mit unseren 19 Jahren hatten wir ja doch noch nicht so viele extreme Touren gemacht. Und stiegen einfach da ein. Wir haben dann aber auch neun Stunden gebraucht für die 300 Meter, sehr, sehr lang. Die Schlüsselstelle, eben die VI–, ist eine auffallende, äußerst glatte Verschneidung, die man in anstrengender Reibungskletterei überwindet, bis man einen Schlingenstand erreicht. Alles ist sehr steil und immer wieder überhängend, selbst diese Gipfelschlucht mit den losen Felsplatten hängt zwischendurch über. Fünf Meter unter dem Ausstieg muss man noch einen riesigen Überhang klettern, dann kommt man auf dem Gletscherfeld heraus, über das mittlerweile die Hintertuxer Gletscherbahn fährt; die Seile gehen direkt drüber.

Im großen Überhang am Ausstieg der Gefrorenen-Wand-Nordwand

Hast du diese Route jemals wiederholt?

Soviel ich weiß, hat die Tour drei Wiederholungen, davon waren zwei von mir. Zwei Jahre nach unserer Erstbegehung stieg ich mit Sepp Mayerl ein. Ihm hatte ich nicht gesagt, dass ich der Erstbegeher war. Wir hatten keine günstigen Verhältnisse, trafen auf Eis und Schnee. Auf jeden Fall müssen wir schneller gewesen sein, denn anschließend gingen wir noch die Olperer-Nordostwand. Nach der Gefrorenen Wand wollte der Sepp natürlich wissen, wer die Route gemacht hat – er war ganz außer sich, dass es im Zillertal so eine schwere Tour gab. Ich tat so, als wüsste ich es nicht, und meinte, das sei vielleicht der Fiechtl gewesen. „Das gibt's ja nicht", sagte Sepp, „dass der das damals schon gemacht hat." Als wir dann nach der Olperer-Nordostwand wieder zum Spannagelhaus abstiegen, an der Gefrorenen Wand vorbei, gab der Sepp keine

Ruhe, und schließlich sagte ich ihm, dass ich die Route erstbegangen hatte. Da war er dann schon beeindruckt. Damals waren wir halt wahnsinnig gut drauf, wir kletterten einfach sehr viel.

Während der Winterbegehung der Olperer-Nordostwand

Es gab vermutlich zu der Zeit auch gar nicht viele Kletterer, die so eine Route wiederholen konnten.

Gute Leute gab es schon einige, aber das war sozusagen eine „vergessene Wand", weil sie doch recht abgelegen war. 1965 – in dem Jahr, in dem ich die Bergführerprüfung ablegte – wurde sie noch einmal begangen, anlässlich des Sommerbergführerkurses, von Klaus Hoi, Peter Perner, Walter Almberger und Adi Weißensteiner. Wir saßen unten auf der Spannagelhütte und schauten ihnen mit einem Fernglas zu, wie sie sich vorsichtig über die losen Blöcke tasteten. Einer brach ihnen dann aber doch noch aus. Danach ging ganz lange niemand mehr in die Wand, bis ich sie dann 1983 noch einmal mit Erich Hotter kletterte, 22 Jahre nach der Erstbegehung. Es lief prächtig, und ich fand, dass meine Bewertung von 1961 den Schwierigkeiten wirklich entsprach. Eine schöne, großzügige Route, nur die letzte Seillänge empfand ich immer noch als sehr gefährlich. Vor der habe ich heute noch Angst.

1965 hast du die Bergführerprüfung bestanden. Bei deinem Kletterkönnen war das sicherlich kein Problem für dich.

Nein, Klettern war überhaupt kein Problem, aber es ging ja nicht nur darum. Skifahren musste man auch können, und während der Ausbildung habe ich viel gelernt, führungstechnische Maßnahmen, für welche Situation welche Sicherungstechnik anzuwenden ist, behelfsmäßige Bergrettungsmaßnahmen …

Wir hatten in Österreich eine sehr gute Ausbildung. Ich legte die Prüfung relativ spät ab, mit 23, weil mich der Bergführerwart zwei Jahre lang nicht zur Ausbildung zugelassen hatte. Das lief ja alles über den Alpenverein, und es waren noch die Zeiten, als man Bürgen brauchte, um in den Alpenverein aufgenommen zu werden. Damals hat man mich, zumindest im heimatlichen Bereich, schon gekannt, und die Eignungsprüfung war sowieso kein Thema für mich. Ich war mir sicher, das wird die Geschichte, die mir passt. Der Felskletterkurs war im Wilden Kaiser, der Skiführerkurs in der Silvretta, der Winterlehrgang sogar drüben in der Venedigergruppe. Ich war sehr ehrgeizig, vielleicht schon fast übertrieben ehrgeizig, und wollte die Ausbildung so schnell wie möglich und so gut wie möglich machen. Ich bekam dann die Möglichkeit, alle Kurse in einem Zug zu belegen. Aus dem einfachen Grund, weil ich der Kursbeste war. Ich brachte all das schon mit, was die Ausbildner sehen wollten, allen voran Rudi Steinlechner, der mein Ausbildungsleiter war. Unter den Ausbildungsleitern Hias Noichl und vor allem unter Kuno Rainer durfte ich dann schon bald selbst als Ausbildner tätig sein. Kuno, der Expeditionserfahrung hatte und 1953 mit Buhl am Nanga Parbat gewesen war, hatte ein feines Gespür dafür, wie sehr ich das Bergsteigen zu meinem Credo erhoben hatte. Er war ein wichtiges Vorbild für mich, gerade bezüglich der Lawinengefahr – ein Überlebensspezialist. Abgesehen von all den technischen Fertigkeiten bekamen wir während der Ausbildung auch das Gefühl für den Gast vermittelt. Ich machte bei meinen Touren schon weiterhin Dampf, um auf der sicheren Seite zu sein, aber ich achtete auch darauf, dass ich nicht jemanden, der's nicht derschnauft, irgendwo nur hinaufziehe.

Horst Fankhauser bei der Winterbegehung der Olperer-Nordostwand

Wie viele Kollegen haben damals mit dir die Bergführerausbildung gemacht?
Das werden 30, 35 gewesen sein. Die Ausbildung war begehrt, Bergführer war ein angesehener und toller Beruf. Man verdiente relativ gut. Das war eine ganz bärige Geschichte, die viel mit Kameradschaft zu tun hatte. In meinen Augen ist das später ein wenig verloren gegangen, das kameradschaftliche Verhältnis zu den Bergführerkollegen. Vielleicht sehe ich das auch falsch, aber ich finde, da hat sich mittlerweile eine gewisse Konkurrenz entwickelt.

Du hast angedeutet, dass du in deiner Jugend besessen warst vom Klettern, dass dein Bergsteigen damals mehr oder weniger eine Sucht war. Du wolltest unbedingt und so oft wie möglich auf einen Berg steigen. Kannst du dich zurückerinnern, was die Berge dir damals bedeutet haben?
Ja, früher – früher war alles neu dort oben. Die sportliche Aktivität gefiel uns, das Austesten der eigenen Leistungsfähigkeit. Ich wollte an meine Grenzen gehen oder vielmehr diese Grenzen überwinden. Ich verstand steile Wände immer als Herausforderung, der ich mich stellen wollte. Und irgendwo suchte ich auch die Freiheit dort oben, auch wenn es ja gar nicht unbedingt eine Freiheit ist.

Du suchtest Selbstbestätigung.
Ja, natürlich, aber Selbstbestätigung hätte ich mir ja auch anderswo suchen können. Ich wollte einfach da hinauf. Ich kann es nicht besser erklären. Ich setzte mir ein Ziel, ich wollte auf einen Gipfel, ich schaute, dass ich möglichst flott und sicher und gut hinaufkam. Beim Klettern wollte ich möglichst schwierige Routen machen. Bei Erstbegehungen hatte ich keine Ahnung, wie lange ich in der Wand sein würde, ob ich biwakieren muss. Da kam der Reiz des Ungewissen hinzu, der faszinierend war. Etwas Neues tun. Etwas erleben, was vorher noch keiner erlebt hat. Die Spannung. Ein Bergsteiger ist in einem anderen Spannungszustand, wenn er eine Erstbegehung macht oder auch wenn das Wetter schlecht wird – wenn der Ausgang nicht klar ist, wenn er nicht sicher ist, ob er die Schwierigkeiten überwinden kann. Dafür ist die Freude umso größer, wenn er sie dann überwunden hat. Es ist eine große Genugtuung, wenn alles funktioniert hat.

Du hast kurz erwähnt, dass in deiner Jugend beim Klettern im Rofan auch Mädchen mit dabei waren. Waren die nur als Kletterpartnerinnen interessant?
Interessiert haben mich damals wirklich nur die Berge. Die Schulzeit in Kram-

sach, das war eine frohe, ungetrübte Zeit, auch im Sinne von Begegnungen. Wir waren einfach ein toller Kreis. Es war eine unschuldige Zeit. Die Mädchen gingen mit uns mit, wir schliefen im Matratzenlager, die Mädchen auf der einen Seite, die Burschen auf der anderen. Das Hauptziel war irgendeine Wand. Das waren am Anfang nicht so extreme Wände, die Rofan-Ostwand oder die Südwestverschneidung am Sagzahn oder die Nieberlschlucht. Aber es waren tolle Erlebnisse. Wir haben auch viel gesungen. An diese Zeit denke ich sehr gern zurück. Aber mein Hauptinteresse waren schon die Berge. Sobald mir jemand wirklich nahegekommen ist und gesagt hat, entweder ich oder der Berg, da gab es bei mir nie ein Zögern, auch später nicht. Das war nie eine Frage. Mein Hauptziel waren immer die Gipfel und die Erlebnisse auf den Bergen.

Und heute?
Das ist heute nicht viel anders. Heute steht vielleicht weniger die Leistung im Vordergrund und mehr das Erlebnis. Aber nicht nur ich habe mich verändert, auch das Bergsteigen an sich hat sich über die Jahrzehnte verändert. Ich habe den Eindruck, dass das Verständnis für die Natur – dass das Wetter sich sehr schnell ändern kann, dass man beim Gehen einfach einmal schwitzt, dass man müde wird –, dass dieses Verständnis irgendwo immer mehr verloren geht. Die Leute sehen in der Werbung, dass Bergsteigen toll sein soll, sie kommen zu uns ins Zillertal, und wenn sie auf der Hütte keine Dusche haben oder wenn sie nicht das zu essen bekommen, was sie möchten, dann sind sie angefressen. Auf das Gebirge und auf die Einfachheit des Lebens im Gebirge können sich immer weniger Menschen einstellen. Eine Faszination der Berge ist doch auch ihre Einfachheit. Man geht, man rastet, man kommt auf eine Hütte, man isst dort. Man hat ein Ziel vor Augen, macht den Gipfel, steigt wieder ab. Ein bewusst einfaches Leben. Ich glaube, das ist ganz wichtig. Wenn ich auf eine Hütte gehe, kann ich kein Hotel erwarten. Es braucht eine gewisse Bereitschaft, sich auf ein anderes Leben einzustellen, und viele Menschen haben die nicht. Die wollen konsumieren. Anstatt anzunehmen, was sie bekommen, wollen sie haben, was sie sich vorstellen. Das geht im Gebirge nicht.

Wenn ich mir das Zillertal anschaue, dann hat sich nicht nur das Bergsteigen verändert, das ganze Tal hat sich seit deiner Jugend komplett verändert.
Ja, natürlich. Wenn man sich vorstellt, wie viele Übernachtungen pro Jahr wir haben, wie viele Leute kommen – zum Glück, muss man sagen, das Tal lebt ja

Die Kasseler Hütte in den Zillertaler Alpen

davon. Die ganze Infrastruktur ist darauf ausgelegt, die Hotels, die Pensionen, die Skigebiete. Aber wenn man sich den täglichen Verkehr anschaut, vor allem im Winter, dann hat der Tourismus natürlich auch seine Schattenseiten. Je älter ich werde, desto weniger vertrage ich den Rummel. Ich bin froh, dass ich in Finkenberg wohne, am Waldrand, wo kein Durchgangsverkehr herrscht. Und ich genieße es, dass ich mich innerhalb kürzester Zeit in eines der ruhigen Täler zurückziehen kann. Aber genau aus diesem Grund verstehe ich die Stadtmenschen, die aus der Großstadt herauswollen und bei uns Ruhe oder die Begegnung mit der Natur suchen. Oder sich sportlich betätigen wollen, damit sie Abstand vom Alltag finden.

Und dann gibt es noch diejenigen, die am Abend Party machen und feiern wollen. Die Klientel, die im Gebirge die Begegnung mit der Natur oder die Stille sucht, das ist ja nicht die, die sich am Abend die Schürzenjäger anhört.
Wobei die eine gute Musik machen. Aber jetzt lösen sie sich ja wohl endgültig

auf. Gut, das sind natürlich andere Leute, aber wir feiern auch hie und da, wir sitzen auch hie und da in einem Beisl drinnen und trinken ein Glasl. So richtig in der Menge drin habe ich mich allerdings nie richtig wohl gefühlt. Sonst wäre ich ja auch nicht so oft allein unterwegs gewesen.

Trotzdem gehörst du zum Zillertal. Du bist bei den Einheimischen und bei den Touristen beliebt.

Ja, sicher hat man Freunde. Es gibt Leute, die mögen einen, es gibt Leute, die mögen einen nicht. Es gibt Leute, die sind neidisch. Das ist ja ganz klar, Erfolg macht neidisch. Das habe ich immer wieder erfahren. Ich sage das jetzt mit lachendem Gesicht, aber so ist es. Mich freut es, wenn die Leute mich grüßen. Ich bin immer ein freundlicher Mensch gewesen; ich grüße eigentlich jeden, ob er die Straße kehrt oder ob er im Chefsessel einer großen Firma sitzt. Meine wirklichen Freunde kommen meistens aus dem Bergsteigerkreis. Und wie gesagt, ich fühle mich diesem Tal, dieser Landschaft sehr verbunden, sonst wäre ich nicht immer hierher zurückgekehrt. Wenn ich aus dem Inntal hereinfahre, schon ganz draußen bei Fügen, und da sehe ich den Löffler in der winterlichen Nachmittagssonne leuchten, sehe die Westflanke und links den steil abfallenden Ostgrat – also das ist ein Berg! Wie ein Achttausender steht der herinnen, fast wie der Makalu: so scharfkantig, einfach fantastisch.

LEICHT UND SCHNELL IM ALPINSTIL

3. Mai 1986. Ich lag in einem winzigen Sturmzelt etwa 600 Meter unterhalb des Gipfels des Cho Oyu. Neben mir machte sich mein Schweizer Freund Marcel Rüedi aus Winterthur mit dem Kocher zu schaffen. Unsere Behausung stand auf einem kleinen, ausgesetzten Felsvorsprung, unter uns brach die Steilflanke mehrere hundert Meter nach Norden ab. Der Sturm riss und zerrte an den Zeltwänden, durch die feinsten Ritzen drang der Triebschnee ein und lagerte sich im Innern des Zeltes ab.

Es war sechs Uhr abends. Hinter uns lag ein langer, schwerer Tag. Morgens gegen halb acht waren wir von unserem Vorgeschobenen Basislager auf 6000 Meter Höhe aufgebrochen, wollten bis auf etwa 7000 Meter ansteigen und dort unser Zelt aufstellen. Unsere Aufstiegsroute führte über einen steilen, von Felsen durchsetzten Grat, das Gelände war gefährlich, und doch fühlten wir uns in einer prächtigen Verfassung. Letztendlich war dies auch der Grund für den weiteren Aufstieg bis auf 7600 Meter gewesen, wesentlich weiter hinauf, als wir uns ursprünglich vorgestellt hatten. Diese letzte Etappe von 7000 auf 7600 Meter war zäh gewesen, hatte uns sehr zugesetzt. Nie zuvor war am Cho Oyu eine solche Höhendifferenz in einer derart schnellen Zeit geschafft worden.

Beim morgendlichen Aufbruch war das Wetter noch gut gewesen, doch am frühen Nachmittag kam Wind auf, der sich, von Tibet – vom Norden – kommend, zu einem Sturm entwickelt hatte. Mit allem Verfügbaren, auch mit Haken und mit dem Kletterseil, hatten wir das Zelt bestmöglich verankert. Der Sturm riss an diesen Verankerungen, und die Angst, das Zelt würde komplett zerreißen, war allgegenwärtig.

Ich döste vor mich hin, meine Gedanken schweiften zurück. Wie lange waren wir schon unterwegs? Vor wenigen Wochen erst, am 13. April, war ich von

München nach Nepal geflogen, und bereits am 22. April hatten Marcel und ich das Basislager an der Südseite des Cho Oyu in 5200 Meter Höhe erreicht. Wir beide waren die Letzten gewesen, die im Rahmen einer zehnköpfigen Mannschaft unter Schweizer Leitung zur Besteigung des Cho Oyu aufgebrochen waren. Vielleicht war alles so problemlos und wie aus einem Guss gelaufen, weil Marcel und ich uns auf Anhieb so gut verstanden? Natürlich hatte ich schon von seiner unglaublichen Kondition und seinem „Biss" gehört, doch diese Aussagen wurden von der Wirklichkeit bei Weitem übertroffen.
Der tibetische Name des mit 8201 Metern sechsthöchsten Berges der Erde lautet übersetzt „Göttin des Türkis" – im Nachmittagslicht soll sein Gipfel türkisfarben leuchten, wenn man ihn von Tibet aus sieht. Der Cho Oyu war noch größer, als wir ihn uns ohnehin schon vorgestellt hatten. Ein Koloss von einem Berg, mit einer Formschönheit und Ausgewogenheit, wie sie selbst im Himalaja nicht alltäglich ist. Riesige Wolkenfahnen im Bereich des Gipfels zeugten von starkem Sturm – dieser Berg schien Stürme geradezu anzuziehen. Eine Vorwarnung an uns.
Innerhalb von fünf Tagen gelang es mir dann, mit Marcel einen zwar kraftraubenden, aber sicheren Übergang über mehrere Pässe zur Westseite des Berges zu finden. Über 20 Kilogramm schwer waren die Rucksäcke, mit denen wir das Wichtigste – Zelt, Gas, technische Ausrüstung, Essen – in ein Depot in der Nähe unserer geplanten Aufstiegsroute brachten. Dieser Anmarsch mit schweren Lasten war mit Sicherheit der Grundstein für unsere außerordentlich starke Verfassung am Berg.
Am 2. Mai stellten wir ein kleines Zelt am Beginn des Südwestgrats des Cho Oyu auf. Von dort waren wir an jenem Tag aufgestiegen. „Nur" 10 Kilo beinhalteten unsere Rucksäcke, lediglich das Allernotwendigste wurde mitgenommen: Schlafsäcke, Zelt, Kletterausrüstung, Reservekleidung, Gaskartuschen, Fotoapparat und wenig Proviant, wissend, dass wir oberhalb von 7000 Metern ohnehin kaum mehr etwas hinunterwürgen würden.
Die zweite Begehung des Grats, der kurz zuvor das erste Mal von Polen begangen worden war, verlief besser als erwartet. Die technischen Schwierigkeiten stellten uns vor keine Probleme, vorsichtig mussten wir allerdings an den steilen, überwechteten Passagen sein. Im Abstand von etwa 50 bis 100 Metern waren wir höhergestiegen, hatten ab und zu aufeinander gewartet. Jeder spürte die Sicherheit des Partners, was sich wiederum auf die eigene Sicherheit positiv auswirkte. Die erste längere Rast hatten wir um 13 Uhr eingelegt, auf

der 7200 Meter hohen Schulter. Drei Stunden später, um 16 Uhr, hatten wir dann auf 7600 Metern unser Sturmzelt bezogen.
Marcel klopfte mir auf die Schulter, der Tee war fertig. Typisch Marcel – ehe er selbst von dem lebenswichtigen Getränk nahm, bot er mir davon an. Das Wichtigste während der folgenden Nacht war die Zufuhr von Flüssigkeit. Durch den schnellen Aufstieg waren wir „dick" geworden, unsere Körper produzierten also mehr rote Blutkörperchen, um mehr Sauerstoff aufnehmen zu können. Eigentlich eine vorteilhafte Angelegenheit, weil man leistungsfähiger wird. Doch das Blut wird sirupähnlich, sodass das Herz und die Nieren einen wesentlich größeren Arbeitsaufwand zu bewältigen haben, die Gefahr von Erfrierungen rapide ansteigt, weil das Blut nicht mehr an die Peripherie des Körpers transportiert werden kann, und die Bildung des gefürchteten Höhenlungenödems oder eines Gehirnödems erleichtert wird. Um diesen Gefahren entgegenzuwirken, nahmen Marcel und ich zur Blutverdünnung über den Tag verteilt mehrmals Aspirin ein.
Bis Mitternacht kochten wir, vor dem Zelt tobte der Sturm mit unverminderter Heftigkeit, die Versuchung, mittels Schlaftabletten einige Stunden totzuschlagen, war groß – wir verkniffen es uns. Es wurde eine Nacht, die kein Ende nehmen wollte. Und doch, der Körper erholte sich, nicht zuletzt durch die vielen Liter Flüssigkeit, die wir zu uns nahmen.
Bei diesen Verhältnissen war an einen Gipfelgang nicht zu denken. Die Temperaturen lagen bei minus 35 Grad, durch den Windchill werden es unter minus 40 gewesen sein. Das Spiel vom Tag zuvor – kochen, trinken – setzte sich fort. Unser Gasvorrat ging zur Neige – wir hatten nur vier Kartuschen mitgenommen. Am nächsten Tag mussten wir zum Gipfel oder zurück in unser Ausgangslager.
Am frühen Nachmittag des 4. Mai brach der Sturm zusammen. Vor dem Zelt wurde es sonderbar still, wir krochen heraus. Eine eigenartige Stimmung lag in der Luft. Von Südwesten schoben sich dunkle Wolkenbänke heran, es war wesentlich wärmer geworden – war das nun der bald zu erwartende Monsun? Kam nach der furchtbaren Kälte nun der Schnee? Beide wussten wir keine Antwort.
Gegen 18 Uhr drehte Marcel die letzte Kartusche in den Kocher – das konnte eng werden. Plötzlich kamen mir unsere Expeditionsfreunde in den Sinn. Irgendwann mussten sie doch nun nachkommen. Ich musste wohl laut gedacht haben – Marcel schmunzelte und sagte: „Peter, die sind demoralisiert, wir sind

ihnen zu schnell." In dieser Nacht schlief ich sehr gut, hatte aber im Unterbewusstsein immer das Gefühl, dass sich bei uns im Zelt eine dritte Person aufhielt. Wer aber war dieser Dritte?

Am Morgen des 5. Mai war klares Wetter, außerdem war es windstill. Wir begannen um halb acht mit dem Anstieg zum Gipfel. Wie immer waren die ersten Bewegungen äußerst mühsam, das Befestigen der Steigeisen verlangte viel Konzentration. Der Sauerstoffmangel machte sich in einer Lethargie, in einem gewissen Fatalismus bemerkbar. Auch das Fotografieren erschien uns plötzlich uninteressant. Das waren untrüglich die ersten Auswirkungen der großen Höhe. Das Sehvermögen war ebenfalls beeinträchtigt – wir waren wohl doch zu schnell aufgestiegen. Der Gipfel war nicht mehr weit, es waren „nur" noch 600 Höhenmeter, das sollte zu schaffen sein. Fixseile halfen uns über die ersten steilen und brüchigen Felspassagen. Es waren alte, vermoderte Seile – wen kümmerte es? Langsam gewannen Marcel und ich an Höhe.

Ich erinnerte mich an die imaginäre dritte Person, die ich in unserem Zelt gewähnt hatte. Es war komisch, auch jetzt ging ein Dritter mit uns mit. Ich hatte Marcel am frühen Morgen davon erzählt. Während meines Aufstiegs überlegte ich krampfhaft, wer das wohl sein konnte. Der Bezug zur Realität ging verloren. Herbert Tichys Beschreibung seines Gipfelgangs, in einem wunderschönen, poetischen Buch festgehalten, gingen mir durch den Kopf. Tichy hatte 1954 mit dem Tiroler Sepp Jöchler sowie dem Sherpa Pasang Dawa Lama den Cho Oyu erstmals bestiegen und beschrieb den Gipfelanstieg als einen Grenzgang zwischen Wirklichkeit und Unwirklichkeit. Das empfand ich ganz ähnlich.

Marcel und ich hatten die 8000-Meter-Marke überschritten. Es waren nur noch wenige Höhenmeter zum höchsten Punkt dieses Berges, und doch erschien das Gipfelplateau endlos. Hoch aufgetürmte Schneeverfrachtungen ließen gar nicht erkennen, wo sich der Gipfel befand. Immer wieder zwang uns das karge Sauerstoffangebot zum Verweilen, keuchend ging der Atem.

Um elf Uhr erreichten wir den roten Aluminiumpfosten, der den höchsten Punkt markiert. Die Freude hielt sich in Grenzen, wir waren zu ausgepumpt. Ruhig fotografierten wir, vornehmlich nach Norden, machten Aufnahmen von Tibet, jenem immer noch mystischen Land.

Danach stiegen wir in eineinhalb Stunden in unser letztes Lager ab. Es schneite mittlerweile stark. Die Gefahr, Lawinen loszutreten, wuchs mit jeder Minute. Der Rückzug vom Berg wurde zum Kampf ums Überleben. Im Nebel

tappte ich blind durch diese Riesenflanke, hielt mich an die schemenhaft zu sehenden Felsen an meiner linken Seite. Auf der Höhe von 7200 Metern angekommen, war jeder Orientierungssinn verloren gegangen.
Die einzige Möglichkeit, heil aus dieser heiklen Situation herauszukommen, war ein Notbiwak. Es dauerte eine Stunde, bis wir ein Schneeloch gegraben hatten, in dem wir uns vor der schlimmsten Kälte und dem Wind verkrochen. Die Kälte wurde unerträglich. Jetzt hieß es ruhig bleiben, nur nicht die Nerven verlieren. Wir mussten uns tiefer eingraben, Marcel schrie es mir ins Ohr. Aber wo? Der Schnee war beinhart, teilweise sogar solides Eis. Gegen 17 Uhr riss es kurz auf – der Grat, über den wir aufgestiegen waren, war deutlich sichtbar. Wir ließen alles liegen und stehen und stiegen bis spät nachts noch in unser Depot, das Polenlager, ab.
Am 7. und 8. Mai kehrten wir über die drei Pässe zurück in das ursprüngliche Basislager und begannen einen Tag später mit dem Rückmarsch nach Lukla. Vier Wochen nach dem Abflug bestiegen wir in Kathmandu das Flugzeug nach Europa. Am 14. Mai um 12 Uhr mittags war ich wieder zu Hause im Zillertal – eine in der unglaublichen Zeit von nur drei Tagen schnell und zielstrebig durchgeführte Besteigung eines der höchsten Berge der Welt war gelungen, und mit dem Cho Oyu über den Polengrat hatte ich meinen vierten Achttausender erreicht.

„DAS WAR EIN GANZ NATÜRLICHES, LOGISCHES VERSTÄNDNIS ZWISCHEN UNS“

Wie kam es, dass ihr 1986 ausgerechnet zum Cho Oyu aufgebrochen seid? Auch wenn er der sechsthöchste Achttausender ist, gehört er mit seinen 8201 Metern nicht mehr zu den ganz hohen Gipfeln, und ihm geht der Ruf voraus, der leichteste Achttausender zu sein.

Zum einen bot sich der Cho Oyu an, weil Marcel Rüedi und ich uns der Schweizer Expedition von Stefan Wörner anschließen konnten, mit dem ich im Jahr davor am Nanga Parbat ja schon beste Erfahrungen gemacht hatte. Und zum anderen war diese Besteigung gar nicht uninteressant. Der Cho Oyu liegt direkt auf der Grenze zwischen Nepal und Tibet. Der heutige Normalweg, die Route der Erstbesteiger von 1954, verläuft auf der Nordseite, also über tibetisches Gebiet. Schon damals war Tibet von den Chinesen besetzt, der Zutritt in dieses Gebiet verboten. Tichy und Jöchler hatten sich über dieses Verbot hinweggesetzt, um den Gipfel zu erreichen. Seitdem die Chinesen Besteigungen erlauben, wird der Cho Oyu in erster Linie auf dieser Nordseite erstiegen, über den Westgrat und die Westwand. Zu unserer Zeit war das noch nicht so, wir hatten nur eine Genehmigung für die nepalesische Seite, also von Süden.

Ihr wolltet euch also von vornherein einen neuen Weg suchen?

Genau. Ursprünglich hatten wir vor, eine Erstbegehung des zwei Kilometer langen Ostgrats zu machen – der Cho Oyu ist ja ein lang gestreckter, sehr wuchtiger Berg. Das stellte sich aber schon im Vorfeld als für eine Kleinstexpedition unmöglich heraus, denn Marcel Rüedi und ich wollten ab dem Basislager als unabhängiges Zweierteam unterwegs sein. Der Ostgrat wurde später, 1991, von einer großen russisch-ukrainischen Mannschaft erstbegangen. Wir entschieden uns dann für den Südwestgrat, der zu diesem Zeitpunkt ebenfalls noch nicht begangen war. Ganz hinten im Gokyotal, am Fuß der riesigen Cho-Oyu-Südwand, lag unser Basislager. Den Weg zum Südwestgrat mussten wir erst einmal erkunden. Also brachen Marcel und ich bald Richtung Nang-

Der Cho Oyu von Süden

pa La auf. Über diesen mehr als 5700 Meter hohen Pass werden mit Yaks viele Waren von Tibet nach Nepal transportiert, Häute, getrocknetes Yakfleisch, Teppiche und Bekleidung aus China.

Ihr habt alles selbst getragen?

Wir packten natürlich möglichst wenig ein, aber die Rucksäcke waren schon schwer. Das haben wir halt in Kauf genommen. Wir teilten das Gewicht unter uns auf, wobei ich meistens ein bisschen weniger als Marcel hatte. Ich war eben auch der Schmächtigere von uns beiden, mit meinen 58 oder 60 Kilo. Ich bin kein guter Rucksackträger; Marcel dagegen war um einen halben Kopf größer als ich, ein Mordskerl von einem Mann, für ihn war das in Ordnung. Kurz vor dem Nangpa La allerdings, als ich rastete, um auf Marcel zu warten, der etwas hinter mir war, spielte ich ihm einen kleinen Streich. Er hatte nämlich den Eindruck, ich sei nur so schnell, weil ich den leichteren Rucksack hätte. Damit er sich nicht immer im Nachteil fühlte, steckte ich einen großen

Stein unter die Deckeltasche meines Rucksacks und stellte ihn ab. Als Marcel kam, ging es wieder los: Du bist ja wahnsinnig, du gehst so schnell, du hast ja immer den leichteren Rucksack. „Ja", sagte ich, „das ist halt so." Und dann richtete ich es so ein, dass er mir beim Losgehen meinen Rucksack aufheben und herüberreichen musste. Danach sagte er nie mehr etwas von einem schweren oder leichten Rucksack; meiner war nämlich schwerer als seiner.

Den Stein hast du dann aber nicht weiter mit hinaufgetragen.
Nein, natürlich nicht, den nahm ich in einem unbeobachteten Moment wieder heraus. Nachdem wir drei Pässe überquert und rund 100 Meter durch ein sehr steiles Couloir abgestiegen waren, erreichten wir den Beginn unseres Grates. Dort erwartete uns allerdings eine Überraschung: Wir trafen auf eine polnische Expedition, die bereits am Gipfel gewesen war und sich auf den Rückmarsch vorbereitete.

Marcel Rüedi während der zweiten Begehung des Polengrats

Das heißt, der Südwestgrat war bereits vor euch erstbegangen worden?
Ja, ein paar Tage zuvor, deswegen wurde er in der Folge auch Polengrat genannt. Die Polen waren sehr gastfreundlich, luden uns ein und gaben uns alle möglichen Informationen über die Route. Das war für uns natürlich ein großer Vorteil. Sie sagten uns auch, dass sie in einer schwierigen Passage ein Fixseil belassen hätten und dass auf etwa 7600 Metern noch eines ihrer Zelte stehe, das sie wegen des schlechten Wetters zurückgelassen hätten und das wir gern benützen könnten. Mit etwas Glück würden wir sogar noch auf ihre Spuren treffen. Das klang alles sehr positiv – eine „gmahte Wiesn" sozusagen. Wir blieben noch einen Tag zusammen im Lager, hauptsächlich, um uns noch besser zu akklimatisieren. Marcel und ich waren ja sehr schnell von Lukla nach Namche Bazar und in einem Zug durch das ganze Gokyotal gelaufen. Am nächsten Tag brachen wir auf. Mitgenommen haben wir nicht viel, wir rechneten mit etwa vier Tagen für den Berg. Und die Polen wollten sogar auf uns warten, da sie es nicht eilig hatten.

Dann habt ihr also nicht einmal ein Zelt mitgenommen?
Doch, natürlich, wir konnten ja nicht davon ausgehen, dass wir das verbliebene Zelt der Polen in einem Tag erreichen. Wir hatten unser Zelt dabei und planten, bis ans Ende des Grates zu gehen und dort in dem großen Schneebecken unser Lager aufzuschlagen. Dann hätten wir das Zelt dort zurücklassen, am nächsten Tag bis zum Zelt der Polen und am übernächsten zum Gipfel gehen können. Jetzt war aber das Gelände ziemlich unproblematisch, sodass wir sehr schnell gingen und gut vorankamen. Irgendwann war klar, dass wir nach dem großen Becken noch weiter bis zum Polenzelt gehen konnten, deswegen deponierten wir unser Zelt, um Gewicht zu sparen. Zu dem Zeitpunkt war das Wetter immer noch schön.

Das lief ja alles wie am Schnürchen.
Ja, bis dahin schon, aber dann wendete sich das Blatt. Als wir das Zelt der Polen erreichten, mussten wir feststellen, dass es vom Wind zerrissen und mit Schnee gefüllt war. Verheerend. Wir waren natürlich wahnsinnig müde, als wir da oben ankamen, und mussten erst einmal kochen. Ich bekam wieder meine obligaten Kopfschmerzen. Es war rührend, wie sich Marcel um mich kümmerte, immer zuerst mir Tee gab. Der Marcel war wirklich eine Perle. In der Nacht kam es richtig schlimm, es stürmte und schneite, und in dem halb

zerrissenen Zelt waren wir kaum geschützt. Das Wetter wurde so schlecht, dass wir sogar noch eine zweite Nacht darin verbringen mussten, und diese beiden Nächte haben mir gewaltig zugesetzt. Weniger dem Marcel, vor allem mir. Ich wäre eigentlich lieber abgestiegen, ich wollte mir das nie geben, bei wirklich schlechten Verhältnissen da oben herumzusitzen oder herumzuliegen. Wenn ich die Chance gehabt hätte, Marcel davon zu überzeugen, dass wir absteigen, wäre ich schon wieder abgehauen. Nach der zweiten Nacht waren wir vollkommen groggy, brachen aber trotzdem Richtung Gipfel auf. Wir wussten ja, dass es nicht mehr weit war.

Hatte sich das Wetter inzwischen gebessert?
Das Wetter war okay, wir hatten Sicht, wenn es auch nicht stabil war. Aber frag mich nicht, wie ich zum Gipfel kam – ich weiß praktisch nichts mehr davon. Ich weiß noch vieles vom Everest, vom Nanga Parbat weiß ich praktisch alles, aber beim Cho Oyu erinnere ich mich nur daran, dass ich irgendwie aus dem Zelt heraustaumelte, die Steigeisen befestigte und dem Marcel hinterhertrabte. Er war genauso müde wie ich, aber wenn er nicht vorausgegangen wäre, wäre ich wohl nicht hinaufgekommen. Seil brauchten wir keines, das Gelände war leicht. Der Gipfel ist eine große Plattform, der höchste Punkt ist mit Stangen und Gebetsfahnen markiert. Nachdem wir unsere Gipfelfotos gemacht hatten – es war dann schon Mittag –, arbeiteten wir uns zurück zum Zelt. Im Abstieg ging es mir schon wieder etwas besser.

Ihr musstet dann noch einmal in diesem zerrissenen Zelt übernachten, so weit oben?
Eigentlich wollten wir am selben Tag noch ganz absteigen, bis ins Basislager der Polen. Durch das Becken kämen wir hinunter, das wussten wir, das Problem war nur, ob das Wetter halten würde. Als wir zum Zelt kamen, nebelte es prompt wieder ein, und ohne Sicht hast du keine Chance, durch dieses riesengroße Becken hinunterzufinden. Es blieb uns nichts anderes übrig, als uns wieder in dieses Zelt zu setzen. Noch so eine Nacht, dachte ich mir, überleben wir nicht. Dann riss es aber zum Glück am späteren Nachmittag auf, und wir liefen sofort los, hinunter durch das Becken und nach links zum Beginn des Südwestgrats. Wenn wir den Grat erreicht hätten, würden wir auch noch ins Lager hinunterfinden, das wussten wir. Doch kurz bevor wir am Grat waren, schloss sich der Nebel wieder um uns und wir sahen nichts mehr. Das war der

zweite Moment, wo ich zweifelte, wo ich so müde war, dass ich mich einfach hinsetzte. Und der Marcel setzte sich neben mich. Was tun? Wir mussten noch einmal biwakieren. Aber wir hatten ja nichts mehr, kein Zelt, nichts mehr zum Essen, kein Gas.

Wo war euer eigenes Zelt deponiert?
Unser Zelt war jenseits des Grates. Eigentlich in Reichweite, wir hätten vielleicht eine Stunde dorthin gebraucht, aber wir sahen nichts und hätten es nicht gefunden. Wir befanden uns in einem abgeblasenen Bereich, Marcel packte seine Schaufel aus und fing an, aus dem gefrorenen Schnee einen Unterschlupf herauszugraben, in den wir uns mit den Biwaksäcken hineinlegen konnten, ohne Liegematte, ohne alles. Es ging dann auf den Abend zu, und da merkte ich schon, die Nacht wird furchtbar, die wird nicht nur furchtbar, die packen wir nicht mehr. Ich nahm das ganz sachlich zur Kenntnis, rückte ein bisschen näher zu Marcel, aber was konnte ich tun?

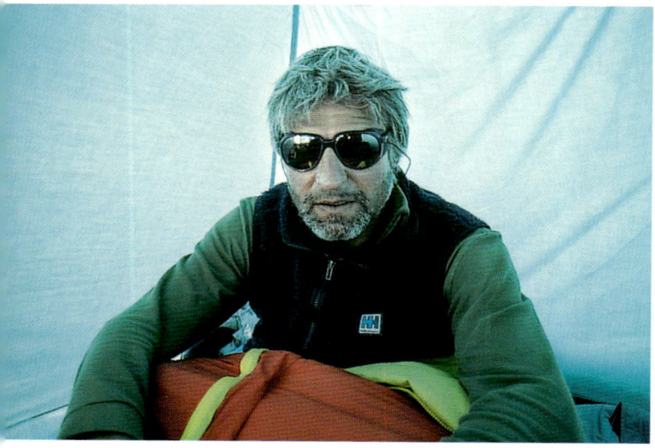

Marcel Rüedi nach dem Abstieg vom Gipfel

Ihr packt die Nacht nicht mehr wegen der Kälte –
Ja, und wegen des Windes, der da oben geblasen hat, wegen der bleiernen Müdigkeit und der Erschöpfung. Da lagen wir dann vielleicht eine Stunde, und plötzlich riss der Wind die Wolken wieder auf. 100 Meter weiter drüben sahen wir den Felskopf, an dem der Grat begann, und wir packten unsere Sachen zusammen und liefen auf diesen Felskopf zu. Schnell waren wir natürlich nicht mehr, weil wir so müde waren, aber es gelang uns, mit Stirnlampen über den Grat abzusteigen, und irgendwann um Mitternacht herum stolperten wir bei den Polen ins Lager. Und waren gerettet. Sie kochten sogar noch für uns, daran kann ich mich vage erinnern, einen Vanillepudding, und den stießen wir versehentlich um, er floss über Marcels Schlafsack, und wir schleckten auf, was noch irgendwie zu erreichen war. Und dann war der Kreis geschlossen. Auf dem Rückweg in unser eigenes Basislager kamen uns zwei

unserer Sherpas mit Vorräten entgegen. Unterhalb des Couloirs mussten wir noch einmal übernachten, dann stiegen wir gemeinsam mit ihnen durch das Couloir auf. Während nach uns noch einige unserer Expeditionsmitglieder den Gipfel erreichten, machten wir uns schon auf den Heimweg nach Europa.

In deinem Text erwähnst du, dass du das Gefühl hattest, es hält sich ein unbekannter Dritter im Zelt auf. Ist das ein Phänomen, das immer dann auftritt, wenn du in eine Grenzsituation kommst?
Nicht unbedingt. Am Nanga Parbat hatte ich dieses Gefühl ja auch, und da ging es mir blendend. Ich verstehe diesen dritten Mann als Schutzengel, und einen Schutzengel braucht man vor allem, wenn es einem schlecht geht, das ist schon wahr. In diesem halb zerrissenen Zelt am Cho Oyu, als das Wetter einfach nicht besser wurde, lag ich im Halbschlaf herum, mir war ständig kalt, ich döste immer wieder ein, und plötzlich spürte ich, da war jemand bei mir. Ein sehr intensives Gefühl. Viele andere Höhenbergsteiger haben das auch schon beschrieben, zum Beispiel den Eindruck, dass hinter einem jemand geht und immer dann stehen bleibt, wenn man selbst stehen bleibt, und wenn man weitergeht, geht derjenige auch wieder weiter, immer im selben Abstand.

Du sprichst auch davon, dass dich am Gipfeltag die Fixseile, an denen du dich festhieltest, überhaupt nicht irritiert haben, obwohl sie schon alt und vermodert waren. Du wärst doch sicher misstrauischer und vorsichtiger gewesen, wenn du nach den beiden Nächten im obersten Lager nicht so erledigt gewesen wärst.
Ja, mit Sicherheit. Es gibt einfach in diesen Höhen einen Zustand, da bist du so fertig, dass dich das alles überhaupt nicht mehr kümmert. Marcel und ich gingen wie Betrunkene. Das war kein Gehen mehr, das war ein Taumeln. Wir schleppten uns auf unseren Skistöcken weiter, seitwärts im Treppenschritt. Im oberen Teil, nach diesem großen Becken, traf unsere Route mit der Tichyroute zusammen. Zuletzt geht es über ein System von Bändern, über verschneiten Fels, da hältst du dich überall, wo du dich anhalten kannst, und wenn alte Fixseile vorhanden sind, hältst du dich eben an denen. Ich frage mich sowieso, woher man in solchen Momenten noch die Kraft nimmt, weiter nach oben zu steigen, wieso man das eigentlich noch will. Man macht das ganz automatisch. Aber es ist ein ganz langsames Gehen – heut ein Schrittl, morgen ein Schrittl.

Insgesamt war es ja doch eine recht knappe Aktion. Es hätte genauso gut schiefgehen können, wenn ihr weiterhin keine Sicht gehabt hättet.
Ja, sicher. Wir waren völlig am Ende, auch wenn man das den Gipfelfotos nicht unbedingt ansieht. Ich bin ja nun wirklich ein überzeugter Verfechter des Alpinstils, einfach weil er so elegant und schnell ist, aber wenn etwas dazwischenkommt, sei es das Wetter oder eine Verletzung, dann hat man wenig Reserven, dann geht es ganz schnell ans Eingemachte.

Bei deinen anderen Expeditionen bist du aber auch viel öfter mit den Lasten von einem Lager ins andere gependelt – das schien mir das Geheimnis deiner guten Kondition zu sein. Am Cho Oyu wart ihr so schnell, dass für die Akklimatisation gar keine Zeit blieb.
Genau, das trifft den Nagel auf den Kopf. Der Grund für meine unglaubliche Müdigkeit war, dass ich mich zu schlecht akklimatisiert hatte. Sicher, wir hatten daheim viel trainiert, aber der Trainingszustand, den du von zu Hause mitnimmst, ist nur bedingt ein Gradmesser für die Höhenverträglichkeit im Himalaja. Ich brauchte meistens eine bis zwei Wochen, um mich an die Höhe anzupassen.

Und meistens ergab es sich schon durch das Wetter, dass du zwischendurch noch einmal ins Basislager absteigen musstest.
Richtig. Das war entscheidend, wir stiegen ab, wir stiegen wieder auf, stiegen noch einmal ab, stiegen ein drittes Mal auf, mussten wieder absteigen und gingen dann zum Gipfel. Am Cho Oyu kam es dazu nicht, und vor allem hatten wir den Anmarsch viel zu schnell gemacht. Irgendwie hetzten wir uns da gegenseitig, Marcel und ich, wir wollten beide der Schnellere sein. Was andere in drei Tagen machen, haben wir in einem Tag gemacht. Das war eigentlich ein Blödsinn. Beim Hinauslaufen ließen wir uns etwas mehr Zeit. Vom Basislager geht es rechts des Ngojumbagletschers auf der Moräne hinaus nach Gokyo. Ein schöner Weg, es war warm, wir hatten Träger und leichte Rucksäcke. Am zweiten Tag, zwischen Gokyo und Namche Bazar, begegnete uns eine Sherpani mit einem Yak, die Lasten ins Basislager führte. Sie schaute mich an und fragte: „Peter?" – „Yes", sagte ich. Und sie: „I'm the daughter of the man who got so badly hurt on Everest in 1978." Das war also die Tochter des Sherpas, der am Everest in eine Spalte gestürzt war und sich schwer verletzt hatte. Oswald Oelz und Raimund Margreiter hatten ihn im Basislager operiert, er

hatte eine Kopfverletzung, ein Bein und beide Arme waren gebrochen. Er wurde dann nach Khunde ins Spital ausgeflogen. Ich fragte die Tochter, wie es ihrem Vater gehe, und sie sagte: „Oh, he is fine, he is in our home now. He is old, but he's okay." Wir plauderten noch ein bisschen und gingen dann alle unserer Wege. Eine schöne Begegnung. Damals, Mitte der Achtzigerjahre, traf man unterwegs nicht viele Menschen, es waren ja ganz wenige Trekker unterwegs, die konnte man an zwei Händen abzählen.

Du beschreibst Marcel als sehr fit und leistungsfähig. Er war vier Jahre älter als du, Jahrgang 1938. Im selben Jahr, als ihr am Cho Oyu wart, brach er im Herbst nochmals in den Himalaja auf, um den Makalu zu besteigen, seinen zehnten Achttausender. Beim Abstieg starb er an Erschöpfung. Du kanntest ihn gut – wie konnte es dazu kommen?
Was am Makalu passierte, weiß ich auch nur von Hans Kammerlander, der zur selben Zeit dort war. Ursprünglich hatte ich mit Marcel ausgemacht, dass wir den Makalu 1987 gemeinsam angehen – dieser Berg, fast 8500 Meter hoch, faszinierte mich schon damals. Unser Zweierteam hatte sich bewährt, wir verstanden uns gut, und seine Fürsorglichkeit gefiel mir sehr. Nun hatte Marcel aber mit dem Cho Oyu neun Achttausender bestiegen, Reinhold hatte zu diesem Zeitpunkt zwölf. Irgendwie ließ sich Marcel wohl in dieses Rennen hineinziehen, wer als Erster alle 14 Achttausender bestiegen hätte. Deswegen zog er den Makalu vor. Vermutlich war er auch da wieder sehr schnell. Marcel hatte daheim in Winterthur ein großes Geschäft, eine Metzgerei, und wurde dort gebraucht, daher war er oft in Zeitdruck. Ich nehme an, dass er nicht ausreichend akklimatisiert war – das vermutet auch Krzysztof Wielicki, der mit ihm zusammen unterwegs war. Mit seinem unbändigen Willen schaffte Marcel auch den Gipfel, musste aber im Abstieg biwakieren, weil es zu spät wurde. Am nächsten Tag stieg er weiter ab, starb aber kurz oberhalb des höchsten Lagers, vermutlich an Erschöpfung.

Denkst du denn, dass er sich im Frühjahr am Cho Oyu zu sehr verausgabt hatte?
Das glaube ich nicht. Natürlich hatten wir uns komplett verausgabt. Die Höhe zehrt am Gewicht, das Fett wird verbrannt, und wenn kein Fett mehr da ist, dann wird die Muskelmasse auch noch verbrannt. Darum sieht man ja so eingefallen aus nach ein paar Wochen in der Höhe. Aber sobald man wieder herunten ist, viel trinkt, wieder normal isst, erholt man sich auch schnell. Wir ka-

men im Mai zurück, und bis zum September war Marcel sicher wieder fit. Mich hat die Nachricht von seinem Tod richtig mitgenommen. Wir hatten am Cho Oyu einiges gemeinsam ausgestanden, das schweißt einen einfach zusammen. Er war ein ganz hervorragender, guter Kamerad, es war schade um ihn. Wenn man in Nepal ist, dann merkt man, ob jemand das Land und seine Bewohner mag – daran, wie er mit den Sherpas umgeht, wenn das kein Befehlston ist, sondern eine freundschaftliche Begrüßung, Namaste, eine kleine Unterhaltung, ein netter Hoangascht, wie wir in Tirol sagen. Das war Marcel wichtig, und Michl Dacher war da genauso. In meinen Augen gibt das viel Aufschluss über den Charakter eines Menschen.

Deine Erzählungen erwecken jedenfalls den Eindruck, dass deine Beziehungen zu Michl Dacher und zu Marcel Rüedi sehr harmonisch waren, dass das Verständnis, das zwischen euch herrschte, in jeder Situation da war, egal, ob es gerade gut lief oder schlecht.
Ja, das war ein ganz natürliches, logisches Verständnis zwischen uns. Wenn jemand das Gleiche tut, was du selbst tun möchtest, wenn er sich durchkämpft, alles einsetzt, was er hat, wenn man gemeinsam an einem Strang zieht, da kommt einfach Freude auf. Und wenn du dann noch spürst, dass dir jemand hilft, wenn es dir schlecht geht, dann ist das noch besser. Es gibt genügend Leute, die dich benützen, solange sie dich brauchen, und sobald sie dich nicht mehr brauchen, lassen sie dich fallen. Beim Bergsteigen gibt es die genauso wie im übrigen Leben. Aber zu dieser Sorte gehörte der Michl Dacher nicht, und der Marcel Rüedi genauso wenig. Wir passten eben auch von unserer Leistungsfähigkeit her gut zusammen. Es gab nicht viele, die mit meinem Tempo mithalten konnten. Reinhold war genauso schnell, ohne Frage, Michl und Marcel vielleicht nicht ganz, aber immer noch so schnell, dass es für den Ablauf der Expeditionen unproblematisch war. Das war ja einer der Gründe, warum ich oft allein ging: weil mein Tempo mit dem der anderen einfach nicht zusammenging.

Das war auch später noch so, mit zunehmendem Alter?
Ja, 1995 zum Beispiel, an der Ama Dablam, da war ich schon über 50. Wir waren eine Gruppe von vornehmlich Zillertaler Freunden, ich hatte die Organi-

Am Südwestgrat der Ama Dablam

sation übernommen, wir wollten auf diesen wunderschönen, 6856 Meter hohen Gipfel – das „Matterhorn Nepals", für mich eigentlich der schönste Berg der Welt. Aber auch ein anspruchsvoller Berg, was dazu führte, dass meine Mannschaft irgendwann demotiviert aufgab, weil sie sich den Anforderungen nicht gewachsen fühlte. Da rannte ich halt dann schnell allein hinauf, sehr schnell, denn die Expedition stand kurz vor ihrem Ende und wir mussten den Rückweg antreten. Ich ging am Morgen von Lager 1 weg und war nachmittags um halb fünf schon wieder unten im Basislager.

Wie viele Höhenmeter waren das?
Das waren 1200 Höhenmeter im Aufstieg und 1700 Höhenmeter im Abstieg. Allerdings geht es an der Ama Dablam weniger um die Höhe als um die technischen Schwierigkeiten, die recht beachtlich sind. Da muss man richtig klettern. Zugegeben, es hängen viele Fixseile herum, aber die muss man ja nicht benützen. Man kann genauso gut in der Gipfelwand links in der Falllinie des Gipfels wunderschön über eine Rippe aufsteigen und braucht nicht weiß Gott wo suchen, um diese Fixseile zu finden. Die sind außerdem gar nicht ungefährlich, so alt, wie die teilweise sind – die Leute hängen sich wie die Strohsäcke in diese Seile hinein, schieben ihren Jümar weiter, und jeder seilt sich über die Fixseile ab. Für den Abstieg habe ich sowieso meine eigene Methode. Ich schlinge mir das Fixseil um den linken oder rechten Arm und steige ab, belaste das Seil aber nur ganz wenig. Auch wenn ich mich im Aufstieg sichere, versuche ich, das Fixseil möglichst nicht zu belasten, weil ich Angst habe, dass es reißen oder eine Verankerung nachgeben könnte. Das passiert ja immer wieder. Selbst so ein guter Bergsteiger wie Jerzy Kukuczka starb, weil ein Fixseil riss, er stürzte 4000 Meter über die Lhotse-Südwand in den Tod.

Die Fixseile sind mit Haken befestigt? Oder im Eis?
Teils, teils. Im Felsbereich mit Haken, im Eis mit Eisschrauben und im Firn mit Stakes, das sind diese 50, 60 Zentimeter langen, eckigen Aluminiumschienen.

Und die schmelzen nicht aus?
Normalerweise werden die von Sherpas oder auch von Expeditionsmitgliedern korrekt gesetzt. Und wenn es abwechselnd taut und wieder friert, werden sie eigentlich noch sicherer. Die Schwachstellen sind die Seile. Durch den

Wind und den Schneefall werden die Fixseile eingeweht und sind dann nicht mehr aufzufinden.

Ab Lager 1 war die Ama Dablam also ein völliger Alleingang?
Ja. In Lager 3 traf ich einen Sherpa, der mich von einer früheren Expedition kannte. Er kochte mir einen Tee und fragte mich ein wenig aus. Er fragte ungläubig: „When did you start?" Ich antwortete ihm: „Well, I started around seven fifteen." Er sagte: „Are you crazy? And what do you want to do now? You want to go back?" – „No", sagte ich, „I want to go to the summit." – „But how can you do?", fragte er. Da sagte ich: „I think I can do it." Ich kletterte noch den letzten steilen Bereich und war dann sehr schnell wieder unten, um ein Uhr erreichte ich Lager 1.

Wenn du dich beim Aufstieg nicht an den Fixseilen gehalten hast –
Da ging ich links oder rechts der Fixseile. Das ist ja immer kletterbares Gelände, das ich mehr oder weniger ungesichert gehen konnte. Hier und da nahm ich ein bisschen das Fixseil zu Hilfe, aber natürlich nicht nur.

Aber wenn es dir jetzt tatsächlich die Füße wegzieht, weil ein Stein ausbricht, hilft es dir da wirklich, wenn du mit einer Hand am Fixseil hängst?
Wenn du das gewohnt bist, kannst du dich schon halten. Aber es darf dir eben kein Stein ausbrechen. Das darf nicht sein. Du musst den Schritt sorgfältig wählen.

An der Ama Dablam passieren regelmäßig tödliche Unfälle, auch heuer wieder.
Das ist einfach ein formschöner Berg, der fantastisch aussieht, der sehr beliebt ist, der berannt wird. Diesen Gipfel haben wahrscheinlich überhaupt die meisten Expeditionen zum Ziel. Kleine Expeditionen, große Expeditionen. Wo viele Leute hingehen, passiert viel. Der Berg ist schon sehr steil, aber dafür ist er nicht so hoch.

Aber trotzdem, gut akklimatisiert musstest du schon sein, um so schnell auf den Gipfel gehen zu können.
Ja, aber das war kein Problem, da ich vorher schon eine Trekkinggruppe durch das Khumbu geführt hatte. Auf 6800 Metern bist du auch noch flink, da kannst du noch klettern. Auf 8000 Metern ist das anders, vor allem wenn du ohne

Der Pumori in der Khumburegion

Sauerstoff gehst. An der Ama Dablam war ich sehr gut akklimatisiert, die Höhe war da überhaupt kein Thema.

Im Jahr darauf, 1996, warst du am Pumori. Waren das vergleichbare Voraussetzungen?

Auch da führte ich vorher eine Trekkingtour und war gut akklimatisiert. Der Pumori ist etwas höher, 7161 Meter, er ist leichter als die Ama Dablam, aber noch viel gefährlicher. Wieder wollte ich eine Besteigung in einem Tag machen, über die klassische Route auf der Ostseite. Der Höhenunterschied war diesmal wesentlich größer, vom Basislager bis zum Gipfel waren es sicherlich 2000 Höhenmeter. Neben uns lagerte eine französische Expedition. Als ich noch in der Dunkelheit losging, sah ich eine große Sternschnuppe. Ich durfte mir etwas wünschen, und ich dachte mir, das wird sicherlich ein super Tag. Ich stieg hinauf, am unbewohnten Lager 1 vorbei, danach folgten steileres Gelände und schließlich die Querung nach rechts zum Lager 2. Dort war es dann schon hell, es waren Engländer oben, die ein wenig verdutzt aus ihren Zelten schauten, als ich vorbeikam. Anschließend musste ich einen Steilhang im Blankeis klettern, weil eine Lawine den ganzen Neuschnee heruntergefegt hatte. Das lief aber alles hervorragend, und so war ich am späten Vormittag schon recht weit gekommen. Nach der Scharte allerdings lag viel Neuschnee. Am Anfang dachte ich mir gar nicht so viel dabei und trat eine Spur, aber je weiter ich hinaufkam, desto mehr Triebschnee gab es, vom Wind verfrachteten Schnee, der die Bildung von Schneebrettern fördert. Als ich dann vielleicht 80, 90 Meter unter dem Gipfel stand, wo sich das Gelände schon zurücklehnt, die Flanke flacher wird, steckte ich praktisch bis zu den Hüften im Schnee. Über mir, vielleicht zehn Meter weiter, sah ich ein Fähnchen und wusste, ich hatte noch eine halbe Stunde auf den Gipfel – aber ich traute mich einfach nicht mehr weiter. Wenn dort oben etwas bricht, dann bricht die ganze Flanke. Das ist brandgefährlich, und jedes Jahr gibt es am Pumori Lawinentote. Ich stand da oben und zitterte und hatte Angst. Keinen Schritt weiter! Weitergehen wäre der sichere Tod gewesen, aber vielleicht konnte ich links hinausqueren, vielleicht war es da fester. Ich querte also zuerst noch ein Stück nach links, aber das erschien mir noch gefährlicher, weil ich eventuell den ganzen Hang hätte antreten können. So bin ich dann ganz behutsam und leise meinen Aufstiegsspuren folgend wieder zurückgegangen, bin zu den Engländern hinunter. Sie glaubten, ich käme vom Gipfel, und wollten mir schon gratulieren. Dann bin ich weiter hinunter bis ins Basislager, wo ich um zwei Uhr ankam und wo mich die Franzosen beglückwünschten, die ebenfalls meinten, dass ich vom Gipfel käme. Ich sagte: „No, I don't come from the summit, I was too frightened, I had to turn down." Das wäre natürlich eine Schau gewesen, in einem Tag diese 2000 Höhenmeter zum Gipfel und wieder hinunter!

Das muss man aber auch erst einmal können, so knapp vor dem Gipfel Nein zu sagen.

Nein, nein, das muss man nicht können. Das hat sich so ergeben, weil ich fast in die Hosen machte, so eine Angst hatte ich, dass der ganze Hang bricht. Weil ich eben wusste, dass das dort häufig der Fall ist. Das wird alles von der Westseite hereingeweht, von der Nordwestseite. Dann hast du den Schnee bis zu den Oberschenkeln oder teilweise bis zum Bauch. Leider ist das am Pumori eine häufige Unfallursache. Aber das muss man nicht können, man muss einfach auf seinen Instinkt vertrauen und auf den gesunden Menschenverstand.

VOM BERGFÜHRER ZUM UNTERNEHMER: DIE SKI- UND ALPINSCHULE MOUNT EVEREST

1965 hatte ich endlich das ersehnte Diplom als Berg- und Skiführer in der Tasche. In den Jahren darauf war ich noch intensiver in den Bergen unterwegs, auf Führungen im Zillertal und im gesamten Alpenraum. Zusammen mit mir hatte Horst Fankhauser die Ausbildung gemacht, ein Finkenberger, etwas jünger als ich, mit dem ich schnell einen „gemeinsamen Draht" fand. Abgesehen davon, dass wir zeitweise gemeinsam größere Gruppen führten, kletterten wir auch privat sehr viel zusammen, vor allem im extremeren Bereich. Die Nordostwand am Olperer, den Schmuckkamin an der Fleischbank im Wilden Kaiser – und im Rofan machten wir die zweite Begehung der Dachverschneidung von Buhl am Sagzahn. Wir gingen einfach gern miteinander, wir ergänzten uns ideal. Später ging Horst ins Stubaital, lernte dort seine spätere Frau Klara kennen und übernahm mit ihr zusammen die Bewirtschaftung der Franz-Senn-Hütte. Mit ihm verbindet mich heute noch eine ganz besondere Freundschaft – und immer noch die gemeinsame Leidenschaft: Erst letzten Sommer kletterten wir gemeinsam die „Große Micheluzzi" am Piz Ciavazes in der Sellagruppe.

Auch in den Westalpen hatten wir tolle Erlebnisse miteinander. Als junge Bergführer waren wir einmal für eine Skitourenwoche auf der Monte-Rosa-Hütte und führten eine holländische Ärztegruppe auf verschiedene Gipfel. Daheim hatte man uns noch vorgewarnt, wie unfreundlich in der Schweiz die Hüttenleute und wie ungut die Bergführer gegenüber österreichischen Kollegen seien. Wir erlebten genau das Gegenteil: Emil Brantschen, der damalige Hüttenwirt der Monte-Rosa-Hütte, war eine wahre Perle. Wir halfen ihm ein wenig in der Hütte, holten Wasser und unterstützten ihn in der Küche, und zu uns war er immer freundlich und zuvorkommend.

An dem Tag, an dem die Besteigung der Dufourspitze auf dem Programm stand, waren unsere Gäste am Skidepot so erschöpft, dass sie nicht mehr weiter zum Gipfel steigen, sondern eine lange Pause machen wollten. Weil schönstes Wetter war, tat es mir natürlich um den Gipfel leid, und ich fragte Horst, ob es ihm etwas ausmache, bei der Gruppe zu bleiben, damit ich schnell auf die Dufourspitze gehen könne. Er war einverstanden. Ich kletterte also in flottem Tempo mit den Steigeisen über den zwar nicht schwierigen, aber doch ausgesetzten Grat. Auf dem Rückweg vom Gipfel, kurz bevor es wieder flacher wurde – ich konnte schon unsere Leute unter der Randspalte sitzen sehen, wo sie sich zum Jausnen niedergelassen hatten –, löste sich plötzlich eines meiner Steigeisen. Ehe ich mich versah, fiel ich über die steile Eisflanke hinunter und flog wie auf einer Sprungschanze über die Gruppe hinweg. Da saß ich dann ein wenig verdutzt im Schnee. Zuerst einmal konnte ich mich überhaupt nicht rühren, weil ich einen solchen Stoß ins Kreuz erhalten hatte, dass ich kaum Luft bekam.

Horst konnte sich fast nicht mehr halten vor Lachen. Ich wollte mir nichts anmerken lassen, aber er wusste natürlich genau, was passiert war. Nachdem ich mich etwas erholt hatte, deklarierte ich, dass ich unterwegs etwas vergessen hätte und deshalb nochmals ein Stück aufsteigen müsse – ich wollte mein verlorenes Steigeisen suchen. Die Flanke konnte ich mit einem Steigeisen an den Füßen nicht begehen, aber das andere Eisen war zum Glück in den Schnee hinuntergefallen, wo ich es dann fand.

Mit Horst hatte ich es immer lustig. Meistens fuhren wir mit dem Motorrad zu unseren Ausgangspunkten im Karwendel oder im Wilden Kaiser, weil wir kein anderes Fahrzeug zur Verfügung hatten. Horsts Vater lieh uns seine 175er-Puch, und weil Horst noch keinen Führerschein hatte, fuhr ich sie und er saß hinter mir. Ich hatte allerdings das Motorradfahren nie gelernt. Wir kletterten damals anspruchsvolle Touren, aber das Gefährlichste war jeweils die Anfahrt mit dem Motorrad, vor allem wenn es regnete. Auf einer Heimfahrt vom Karwendel kam ich in der Nähe von Hinterriss von der Straße ab und fuhr ein Stück in den Graben, aber irgendwie schaffte ich es wieder, hinauf auf die Straße zu fahren. Dann musste ich erst einmal anhalten, so war mir der Schreck in die Glieder gefahren. Kein Wunder, dass Horst Angst hatte, wenn er mit mir fuhr.

Ein anderes Mal fuhren wir in den Kaiser. Wir waren zu dritt, Rudi Buchberger war dabei, der auch ein Motorrad hatte. Horst vertraute sich lieber dessen Fahrkünsten an als meinen, und so fuhr ich hinter den beiden her. Bei der Aus-

fahrt in Strass, wo man in Richtung St. Gertraudi abbiegt, befand sich eine Kuhherde auf der Straße. Rudi war ein guter Motorradfahrer, er wich aus. Ich wollte das auch tun, kam aber auf einen Kuhfladen – und schon schlitterte ich unter eine Kuh hinein. Zum Glück waren nur die Fußrasten kaputt, sonst passierte nichts. Aber Horst hatte mal wieder etwas zum Lachen.
Des Öfteren war auch Sepp Kreidl als Bergführer mit uns unterwegs. Sepp war ebenso ein sehr guter Freund, mit ihm machte ich meine schwierigsten Erstbegehungen im Zillertal. Wie Horst treffe ich auch ihn heute noch ab und zu. Mittlerweile ist Sepp ein erfolgreicher Geschäftsmann, er hat eine Installationsfirma mit über 60 Leuten. Damals waren die beiden meine engsten Freunde. Horst hätte ich allerdings fast einmal erschlagen, aus Versehen natürlich. Wir Bergführer saßen, wie das öfter vorkam, auf der Berliner Hütte in der Küche zusammen und waren zu fortgeschrittener Stunde nicht mehr ganz nüchtern. Ich war seit kurzem stolzer Besitzer eines Kletterhelms, eines der ersten Kunststoffhelme vom Sporthaus Schuster, weiß mit einer schwarzen Einfassung am unteren Rand. Ich war extra mit dem Zug nach München gefahren, um ihn zu kaufen. Und ich hatte ihn auch schon getestet, hatte ihn auf einen Betonsockel gelegt und mit dem Kletterhammer daraufgeschlagen, doch er sprang immer nur in die Höhe und zerbrach nicht. Das war zum einen ein beruhigendes Ergebnis, zum anderen machte mir das so viel Spaß, dass ich bei jeder Gelegenheit eine kleine Vorführung organisierte und die Bergführerkollegen fragte, ob sie glaubten, dass sie den Helm zerschlagen könnten. Es gelang ihnen aber nie.
An jenem Abend auf der Berliner Hütte forderte ich Horst heraus. Doch auch er schaffte es nicht, den Helm auf dem gemauerten Küchenboden mit dem Hammer entzweizuschlagen. Da hatte ich eine Idee. Horst sollte den Helm aufsetzen, ich würde nicht fest zuschlagen, aber er würde sehen, der Helm halte. Gesagt, getan: Der Hüttenwirt brachte eine Rohrzange, Horst kniete vor mich hin, wie wenn er gleich geköpft würde, ich holte aus und schlug ihm auf den Kopf – und schon war der Helm in zwei Stücke gebrochen. Zuerst lag Horst da wie eine Katz und regte sich nicht – mein Gott, dachte ich, hoffentlich ist er nicht tot! Dann war er aber gleich wieder fit, hatte allerdings eine blutende Wunde am Kopf, die zum Glück nicht tief war.
Der Bergführeralltag bestand natürlich nicht nur aus solch lustigen Geschichten, manchmal war er auch einfach harte Arbeit; wenn das Wetter ständig schlecht war, die Verhältnisse nicht günstig oder wenn wir, was auch vor-

kam, bei Totenbergungen halfen. Andererseits ermöglichte diese Tätigkeit, eine Vielzahl von neuen Erfahrungen zu machen. Bereits 1966, ein Jahr nach meiner Bergführerprüfung, wurde ich ins Ausbildungsteam des österreichischen Bergführerverbands berufen, und eine meiner ersten Aufgaben war, für drei Monate ins damalige Persien zu reisen, um dort Bergführer auszubilden. Der persische Bergsteigerverband hatte um Unterstützung angefragt. Neben interessanten menschlichen Begegnungen lernte ich die muslimische Kultur kennen und konnte meinen bis dahin höchsten Gipfel besteigen, den 5671 Meter hohen Damavand, den höchsten Gipfel des Elbursgebirges im heutigen Nordiran. Gewöhnungsbedürftig für mich war die große Hitze. Als Lohn erhielt ich kein Geld, sondern einen persischen Teppich, den ich auf dem Heimflug sogar verzollen musste. Er liegt heute noch in meinem Haus in Finkenberg.

Zur selben Zeit begann ich, den Winter über als Skilehrer in Amerika zu arbeiten, im Grand-Teton-Nationalpark bei Jackson im Bundesstaat Wyoming, südlich von Yellowstone. Wir waren eine österreichische Skilehrergruppe, die Pepi Stiegler organisierte, und brachten den Amerikanern das Skifahren bei, in einem wunderschönen Skigebiet, einem der schönsten in ganz Amerika. Allerdings war es dort sehr kalt, und in dieser Zeit fuhr man ja noch mit Lederschuhen. Damals fror ich mir zum ersten Mal die Zehen an. Sechs Winter verbrachte ich dort, und nach dem Abschluss der Saison, bevor ich nach Österreich zurückkehrte, nützte ich manchmal die Gelegenheit für einen Kletterausflug in den herrlichen Granit des Yosemite Valley.

Im Jahr 1972 stellte sich die Frage, wer die Nachfolge von Kuno Rainer als Leiter der österreichischen Bergführerausbildung antreten sollte. Kuno hatte mir in den Jahren zuvor schon viele seiner Kunden vermittelt, deren Wünschen nach schwierigen Klettertouren er nicht mehr recht nachkommen konnte. Für mich als jungen Bergführer war das sehr hilfreich, um mir einen eigenen Stamm von Gästen aufzubauen. Schließlich schlug er mich auch als seinen Nachfolger vor. Mein Konkurrent war Klaus Hoi aus der Steiermark, ein ganz exzellenter Bergsteiger. Letztendlich wurde ich Ausbildungschef, eine Position, die ich bis 1978 innehatte. In dieser Zeit zeichnete ich vieles auf, die Knotenkunde zum Beispiel, um die Ausbildungsunterlagen zu verbessern. Dann aber merkte ich, dass sich diese verantwortungsvolle Funktion und das Expeditionsbergsteigen in aller Welt nicht vereinbaren ließen, und ich trat zurück. Klaus, der mich schon zuvor interimistisch vertreten hatte, wenn ich auf Expedition war, wurde mein Nachfolger und leitete die Ausbildung lange Jahre und sehr erfolgreich.

In der Zwischenzeit hatte ich meine eigene Bergschule, die „Alpinschule Zillertal", gegründet. So konnte ich weiterhin mit meinen Privatgästen unterwegs sein, hatte aber auch die Freiheit, eigene Projekte zu verfolgen. Regina unterstützte mich bei der Organisation und leitete später das Büro. Es war anfangs ein kleiner Betrieb, aber es zeigte sich rasch, dass ich mittlerweile einen gewissen Namen hatte, und bald arbeiteten weitere Bergführer für uns. Regina trug ganz wesentlich dazu bei, dass das Geschäft florierte, denn ich war pausenlos unterwegs, vornehmlich im Zillertal – die Zillertaler Hütten boten sich als ideale Stützpunkte an. Das Interesse an alpinen Grundkursen war groß, auch an Hochtourenwochen, sogenannten „Gletschersafaris", wie wir sie eine Zeit lang genannt haben. Ich war aber auch bekannt dafür, dass ich schwierige Klettertouren führte. Menschen unterschiedlichen Alters das Rüstzeug für ein risikoloses Bergerlebnis zu vermitteln, das empfand ich immer als schöne Aufgabe. Besonders beliebt waren die Kurse für Kinder und Jugendliche. Das Weitertragen meiner Erfahrungen in die nächste Generation begeisterte mich auch selbst. Kinder sind bei sportlichen Bewegungsabläufen sehr talentiert, sie suchen nach Herausforderung und Abenteuer. Sie kennen wenig Angst, eher muss man schon ihren Übermut bremsen und sie Eigenverantwortung lehren. David Lama, der junge Ausnahmekletterer aus Götzens, war zum ersten Mal als Fünfjähriger bei mir im Kurs. Ihm sah ich sofort an, was in ihm steckt – seine Bewegungen waren von Anfang an perfekt koordiniert. Was man als Kind lernt, bleibt einem ein Leben lang erhalten, und auch der Instinkt lässt sich in jungen Jahren am besten schulen. Die Arbeit mit Kindern hat mir immer großen Spaß gemacht, brachte aber andererseits eine enorme Verantwortung mit sich.

Nachdem sich die Bergschule gut entwickelte, beendete ich meine Tätigkeit als Chefskilehrer bei Ernst Spieß in der Skischule Mayrhofen. Teilweise hatte ich dort mehr als 100 Skilehrer unter mir, was meine Möglichkeiten, Skitouren zu gehen, stark einschränkte. Ich rechnete damit, dass ich den Winter mit geführten Skitouren abdecken konnte, und das sollte sich auch bewahrheiten. Diese Freiheit brauchte ich, um mich auf meine Expeditionen vorbereiten zu können. 1993 schließlich nahm ich auch Ski- und später Snowboardkurse ins Angebot auf und erweiterte das Unternehmen zur heutigen „Ski- und Alpinschule Mount Everest".

„DAS SCHÖNE AM VERMITTELN DES BERGSTEIGENS IST, DASS DIE LEUTE FREUDE AM BERG HABEN"

Bergführer zu sein – ist das ein Traumberuf?
Das ist eine schwierige Frage. Ja, mit Sicherheit ist es ein Traumberuf – in welchem Beruf kann man das schon, die Arbeit mit dem Hobby kombinieren, so viel Zeit draußen verbringen. Aber das Bergführer-Dasein hat nicht nur positive Seiten, das muss man schon auch sehen. Als Berufsanfänger muss man sich langsam seine Klientel aufbauen, dann ist man ein paar Jahre gut dabei, aber wenn man dann älter wird, kommt es stark auf die Gesundheit an. Wenn man körperliche Probleme oder Schmerzen hat, wird das Führen schnell mühsam. Die Gäste wollen schließlich auf den Gipfel, die haben da wenig Verständnis.

Siehst du in deinem Berufsalltag Unterschiede von früher zu heute?
Ja, es hat sich schon einiges geändert. Natürlich waren das früher auch nicht immer nur goldene Zeiten. Aber heute habe ich das Gefühl, dass ein Bergführer bei vielen Dingen, die er macht, schnell mit einem Bein im Gefängnis steht. Es gab in den letzten Jahren mehrere Fälle, gerade bei Lawinenunglücken, in denen es zu Verurteilungen kam und bei denen ich mich frage, wie der Bergführer das hätte verhindern sollen. Es gibt keine absolute Sicherheit, auch mit einem Bergführer nicht. Ein Restrisiko bleibt immer. Neben dem Klettern – das Leistungsniveau ist bei den Spitzenleuten unglaublich gestiegen, die Ausrüstung wurde gegenüber unserer stark verbessert – haben sich in den letzten Jahrzehnten aber auch die Berge selbst verändert. Durch den Gletscherrückgang und die Ausaperung im gesamten Alpenraum ist das Bergsteigen objektiv gefährlicher geworden. Hat der Permafrost früher das Gestein zusammengehalten, so gibt es heute viele Felsstürze, die Steinschlaggefahr ist gestiegen. Häufig begangene Rinnen sind besonders gefährdet, und von den einst tollen Eistouren am Hochferner oder am Hochfeiler ist nichts mehr übrig geblieben. Auch auf den Normalwegen im Zillertal sind die Übergänge vom Glet-

Als Bergführer unterwegs am Großen Löffler

schereis auf den Fels schwieriger als früher, weil unter den abschmelzenden Gletschern abschüssiges, heikles Gelände zutage tritt.

Das Bergsteigen ist also gefährlicher geworden. Damit auch das Führen?
Der Bergführerberuf war ohnehin nie ungefährlich, und unter den veränderten Bedingungen steigt auch das Risiko für den Bergführer. Er hat eine immense Verantwortung und ist mit der Erwartungshaltung der Gäste konfrontiert, die manchmal der Meinung sind, alles sei machbar. Es gibt Leute, die sehen im Internet, dass in der Vormonsunzeit 75 Leute auf einmal auf den Everest gehen, und dann denken sie, das mit dem Bergsteigen sei alles kein Problem, sie zahlen ja dafür. Aber das sind Ausnahmen, ich will das nicht verallgemeinern. Generell habe ich aber schon den Eindruck, dass das Verständnis für die Zusammenhänge in der Natur, für diese Wildnis, welche die Alpen immer noch sind, nicht mehr in dem Maß vorhanden ist wie früher. Auch das Know-how über die alpinen Gefahren fehlt vielen Bergsteigern. Oft wären

mehr Vorsicht und Bescheidenheit bei der Auswahl des Ziels angebracht – und mehr Geduld.

Haben die klimatischen Veränderungen und die dadurch entstehenden Bedingungen im Gelände einen Einfluss auf die Lehrmeinung?
Das kann ich gar nicht beurteilen, weil ich nicht mehr in der Bergführerausbildung tätig bin und mich nicht mehr mit Ausbildungsfragen auseinandersetze. Ich glaube nur, dass das Bergsteigen und damit auch die Ausbildung viel theoretischer geworden sind.

Welche Qualitäten braucht ein Bergführer, abgesehen davon, dass er das entsprechende persönliche Können im Fels, im Eis und beim Skifahren haben muss?
Er sollte auch didaktische Fähigkeiten haben. Er muss auf den Gast eingehen können, aber trotzdem seine Gruppe im Griff haben. Und er darf sich von seinen Gästen nicht beeinflussen lassen, gerade wenn es um die Beurteilung der Lawinengefahr geht, er darf sich nicht drängen lassen. Im extremen Gelände

„Basislager" eines Kinderkletterkurses an der Plauener Hütte

bedeutet Feigheit Mut. Aber wenn er sich seiner Sache sicher ist und er dann noch eine freundliche Art den Gästen gegenüber hat, funktioniert das.

Kannst du angesichts des wachsenden Risikos einem guten Nachwuchsalpinisten heute noch raten, Bergführer zu werden?
Wenn er die notwendige Begeisterung mitbringt, warum nicht? Er muss sich einfach darüber im Klaren sein, dass das kein leicht verdientes Brot ist.

Angenommen, einer deiner Söhne hätte Bergführer werden wollen – du hättest nichts dagegen gehabt?
Christian und Alexander sind keine extremen Bergsteiger, aber wenn sie sich das gewünscht hätten, hätte ich sie natürlich unterstützt. Die Ausbildung ist gut, das ist gar keine Frage. Die heutigen Bergführer wissen mehr als wir früher: Die kennen den genauen Aufbau der Schneedecke, wissen Bescheid über den Fangstoß eines Seiles oder die Bruchkraft von Karabinern.

Für die Familie eines Bergführers ist es aber auch nicht immer einfach, damit umzugehen, dass der Partner oder Vater so oft abwesend ist.
Wem sagst du das? Bei mir war das natürlich extrem: Expedition, Führen, dann wieder Expedition, dann Vortragsreise. Regina organisierte die Vorträge, ich präsentierte oft in Firmen – das waren dann schnell mal zehn oder 15 Vorträge. War kurz da, wechselte die Wäsche, dann fuhr ich schon wieder, war schon wieder weg. Irgendwann gibt das Schwierigkeiten, das geht der Frau auf den Geist, die Kinder leiden darunter. Bergführer sein und eine Familie haben, das ist kaum miteinander zu vereinbaren. Entweder sitzt man zu Hause und verdient kein Geld, oder man ist im Gebirge und verdient Geld, ist aber länger von denen daheim getrennt. Wenn man sich andere Extrembergsteiger anschaut, früher wie heute, das funktioniert doch bei den wenigsten.

Das ist bei anderen Berufen aber ähnlich. Ein Mediziner, der in seinem Job sehr engagiert ist, verbringt auch nicht viel Zeit zu Hause.
Das ist vergleichbar, ja. Trotzdem ist das Führen ein toller Beruf. Und was die Expeditionen angeht, die musste ich ja nicht machen – die Herausforderung reizte mich. Kehrte ich in meine Familie zurück, war ich glücklich, sie umgab mich wie ein schützender Wall. Aber spätestens nach einem halben Jahr wurde ich unruhig, wollte wieder los.

Alexander Habeler mit Kindern auf dem Weg zur Reichenspitze

Deine Söhne sind also nicht in die Fußstapfen ihres Vaters getreten und Höhenbergsteiger geworden.
Gott sei Dank nicht! Aber sie sind beide außergewöhnlich gute Skifahrer, vor allem im Gelände. Alexander klettert auch und fliegt Drachen. Er war ein begeisterter Wildwasserfahrer, das lernte er in Amerika, wo er längere Zeit in einem Sportgeschäft arbeitete. Nun hat er in Innsbruck ein Sportgeschäft, die „Alpinschmiede Habeler". Christian macht Skitouren und geht voll in seiner neuen Aufgabe als Skischulleiter auf. Sie sind beide sehr tüchtig. Aber das eigentliche Bergsteigen reizt sie nicht. Vielleicht habe ich den Fehler gemacht, dass ich sie als Kinder zu häufig mitgenommen habe. Sie waren bei den Kinderkursen oft dabei, vielleicht wurden sie da „überfüttert".

Mit einem so erfolgreichen und berühmten Vater hatten sie es ja auch nicht unbedingt leicht.
Zum Glück hatten sie nie das Gefühl, mir nacheifern zu müssen. Sie sollen ihren eigenen Weg gehen. Wir haben einen guten Kontakt. Den habe ich auch nach unserer Trennung noch zu Regina – es kam halt so, wie es kam, aber deswegen kann man doch normal miteinander umgehen.

Zu eurer Familie gehörte viele Jahre auch eine Husky-Hündin. Hast du sie aus Alaska mitgebracht?

Nein, die Burja haben wir hier bei einem Züchter gekauft, da war sie ein paar Wochen alt. Sie war der Liebling der Familie, von uns allen, eine wirkliche Bereicherung. Der Hund ist mit den Kindern aufgewachsen. Burja kam auf die längsten Skitouren mit, und im Sommer ist sie auch mitgelaufen. Bei Klettertouren blieb sie bei meinem Rucksack und wartete stundenlang, bis wir wieder zurückkamen. Am Gletscher musste ich sie natürlich an ihrem Geschirr anseilen, damit sie nicht in eine Spalte stürzte.

Wie lange war sie bei euch?

14 Jahre. Sie hat uns in der Hauptzeit unserer Familie begleitet. Und als Burja starb – sie legte sich einfach hin und schlief ein –, war das ein Heulen und Wehklagen, wir waren alle sehr traurig.

Du hattest sie auch auf Führungen dabei?

Ja, meistens. Sie war sehr folgsam. Wenn ich mit Gästen am Seil ging, lief sie jeweils zwischen mir und dem nächsten Seilpartner. Sie rannte auch nie voraus, wenn sie keine Spur hatte. Auf Skitouren, wenn es bereits eine Spur gab, lief sie zehn Meter voraus. Aber sie wartete immer, bis ich nachkam, dann ging sie wieder weiter. Wir kamen immer gemeinsam auf dem Gipfel an. Ein ganz tolles Tier.

Die beiden Söhne Christian und Alexander sind gute Allroundsportler.

Treue Weggefährten – Peter Habeler mit seiner Hündin Burja

Wenn Christian jetzt die Skischule leitet, kannst du dich auf die Alpinschule konzentrieren.

Genau. Die Skischule habe ich ihm übergeben, die macht er alleine. Er ist ja auch ein sehr guter Snowboarder und hat diesen Bereich ausgebaut. Mit ihm zusammen sind es um die 20 Skilehrer. Die Alpinschule leite weiterhin ich. Wobei wir kein riesiges Unternehmen sind, außer mir führen im Sommer zwei oder vielleicht auch mal drei Bergführer. Ich bin noch viel selbst unterwegs, hauptsächlich mit Gästen aus dem Freundes- und Bekanntenkreis. Außerdem arbeite ich oft für die Industrie, mache Seminare für die dort Beschäftigten. Und dann unternehme ich sehr gern privat Touren, Kletterrouten mit Freunden oder Hochtouren mit Jutta, meiner Lebenspartnerin. Sofern sie Zeit hat – sie ist eben eine dieser viel beschäftigten Medizinerinnen.

Du warst ja auch regelmäßig mit dem ehemaligen Bundeskanzler Wolfgang Schüssel auf Tour.

Ja, das bin ich immer noch, er ist sozusagen einer meiner „Stammgäste". Wolfgang kenne ich schon seit 20 Jahren. Damals war er noch Generalsekretär des Österreichischen Wirtschaftsbundes, und er hat mich von Anfang an beein-

Prominente Seilgäste: Ex-Bundeskanzler Wolfgang Schüssel am Großglockner

druckt: Er ist ein hervorragender Skifahrer, hat eine außergewöhnlich gute Kondition, und er kann sich plagen. Er war nie wehleidig, war nie arrogant und kam auch nicht mit der Staatskarosse daher, sondern in einem Golf.

Aber einen Leibwächter hatte er schon dabei?

Auch nicht immer. Am Großglockner war irgendein Sicherheitsbeamter dabei, aber der blieb herunten in Kals. Wolfgang ist bescheiden, er braucht das nicht, und das hat mir imponiert. Wir machten den Stüdlgrat bei einem fürchterlichen Sauwetter, der Grat war vereist. Alle anderen Seilschaften kehrten um, es war wirklich kalt. Ich wäre auch lieber zurückgegangen, aber Wolfgang sagte: „Jetzt schauen wir mal da hinauf." Und dann haben wir's gepackt, wir kletterten den Grat und hatten ihn sogar für uns allein.

Das heißt, ihr seid ein- oder zweimal im Jahr zusammen unterwegs.

Ja, aber teilweise waren wir auch schon länger unterwegs, zum Beispiel auf einer Skitourenwoche im Ortlergebiet. Ich schätze ihn sehr, wir sind richtige Freunde geworden mit den Jahren.

Wir haben vorhin über das Problematische am Bergführer-Dasein gesprochen. Was macht denn Freude in diesem Beruf?
Der Bergführer ist in einer fantastischen Umgebung tätig, und wenn sein Gast glücklich ist, überträgt sich das auch auf ihn. Wenn das Wetter mitmacht, dann gibt's nichts Schöneres als eine Tour. Man sieht viel, man erlebt viel, man spürt einfach, dass alles im Lot ist. Ein bisschen Angst gehört vielleicht dazu; Angst macht einen lebendiger. Und: Der Bergführer kann den Tag so gestalten, wie er ihn haben möchte, er arbeitet sozusagen selbstbestimmt. Dazu kommt die Befriedigung, wenn er und seine Gäste es geschafft haben. Das Ideal ist ein ausgelasteter, zufriedener Gast.

Du führst immer noch gern?
Ich mache das immer noch liebend gern. Wobei ich zugeben muss, dass ich den Vorteil habe, dass ich mir meine Gäste mittlerweile aussuchen kann. Aber eigentlich ist es egal, wen ich dabeihabe, was derjenige im normalen Leben ist, ein Angestellter oder ein Handwerker, der Chef der Raiffeisen-Organisation oder der ehemalige Bundeskanzler – das Schöne am Vermitteln des Bergsteigens ist, dass die Leute Freude am Berg haben. Und die äußert sich bei allen mehr oder minder gleich: Sie haben einfach alle eine Gaudi.

Der Innsbrucker Bischof Manfred Scheuer am Stüdlgrat

1999 wurde dir der Professorentitel verliehen. Wie kam es dazu?
Die Professorenwürde wurde mir wegen meiner Verdienste für die alpine Ausbildung angetragen. Ich hatte ja immer wieder zu Sicherheitsfragen publiziert und einige Jahre die Bergführerausbildung geleitet. „Alpine

Professoren" gibt es wohl nicht so viele. Für mich war es vor allem eine Anerkennung, und über die habe ich mich sehr gefreut.

Worum geht es in den Seminaren, die du für Industriefirmen anbietest?
Zum einen geht es darum, Mitarbeitern das „Erlebnis Berg" nahezubringen, sie mit dem einfachen Leben in einem Zelt zu konfrontieren, ihnen Abenteuer zu bieten. Das kann auch gut hier im Zillertal sein. Finden solche Kurse in Nepal oder in Tibet statt, kommt die Faszination durch die fremde Kultur dazu. Die Eigenheiten des Landes, die Entrücktheit dieser hohen Berge – das verändert die Menschen. Zum anderen gibt es die sogenannten „Managertouren", bei denen man versucht, Parallelen zu ziehen zwischen der Durchführung einer Unternehmung im Gebirge und der Durchführung eines Projekts in einer Firma. Das läuft ja ganz ähnlich ab: Man hat eine Vision, man muss sich vorbereiten, man muss an sich selbst glauben, man orientiert sich auf das Ziel hin, man braucht einen eisernen Willen, man muss auch Teilerfolge anerkennen. Ähnlich wie der Manager muss der Bergsteiger häufig schnell eine Entscheidung treffen, er muss sie allein treffen, und manchmal sind diese Entscheidungen unpopulär. Wie der Manager braucht der Bergsteiger Mut und Durchsetzungskraft, aber auch Gefühl und Vorsicht. Ein Chef führt seine Mitarbeiter durch geschäftliche Tücken wie ein Bergführer seine Gäste durch den Gletscherbruch bei Nebel.

Das Gebirge also als Schule für das Leben?
Ja, als Ort, an dem man lernt, den Mut zu haben, etwas anzugreifen, auch wenn es einem zu schwer erscheint. Das Gebirge als Motivationsquelle – dahin zielen auch die Diavorträge, die ich in Firmen halte.

In den letzten Jahren sind Trekkingtouren im Himalaja sehr beliebt geworden. Wie erklärst du dir diese Entwicklung?
Ich denke, das liegt am Effekt des langen Gehens. Auf Trekkingtouren hat man genug Zeit, seine Gedanken zu bündeln und Probleme geistig anzugehen. Die körperliche Anstrengung macht den Kopf frei, und auf einem hohen Pass zu stehen verschafft nicht nur real, sondern auch psychisch Überblick. Auf zahlreichen Trekks im Solo Khumbu oder im Annapurna-Gebiet habe ich das bei meinen Teilnehmern erlebt. Aber du musst dir vorstellen: Anfangs wehrte ich mich bis zum Gehtnichtmehr, weil ich nicht mit Wanderern nach Nepal wollte.

Warum hast du dich gewehrt?
Na ja, wenn ich schon in Nepal war, wollte ich eine Expedition machen, auf einen hohen oder schwierigen Berg steigen. Aber schließlich stellte ich doch einmal eine Trekkinggruppe zusammen, und das stellte sich als ganz herrliche Geschichte heraus. Da die beste Zeit für solche Touren der Herbst ist, ergab sich eine willkommene Einkommensquelle für die ansonsten eher brachliegenden Monate zwischen Sommer- und Wintersaison. Nach diesen positiven Erfahrungen schrieb ich dann häufig Trekkingtouren für Oktober und November aus, und sie wurden gut angenommen. Später kamen auch Lodge-Trekkings dazu. Probleme gab es eigentlich nur, wenn Teilnehmer überfordert waren. Die einen holten dann das Beste aus sich heraus und schafften die Herausforderung, die anderen blockierten und trauten sich nichts mehr zu. Das ist beim Trekken nicht anders als beim Expeditionsbergsteigen.

Die politische Situation in Nepal war nie ein Problem?
Gut, ich musste ab und zu an die Rebellen zahlen, aber das hat mich nie davon abgehalten, nach Nepal zu fliegen. Ich wurde immer höflich und nett behandelt. Ängste hatte ich keine. Momentan hat sich die Lage ja eher beruhigt. Für mich sind die Reisen nach Nepal auch deshalb so schön, weil ich mittlerweile sehr viele Leute kenne, vor allem die Sherpas, die ich besonders schätze. Und dann die Landschaft: Reisfelder, Schluchten, die man durchquert, Berge, die links und rechts hinaufpfeifen – es gibt immer etwas zu schauen.

Das, was dir persönlich Nepal gibt, das funktioniert auch, wenn du mit Gästen unterwegs bist?
Eigentlich schon. Es kommt natürlich darauf an, ob die Gruppe homogen ist, ob sich die Teilnehmer vertragen. Manche Leute kommen mit der Einfachheit beim Essen und Wohnen eben doch nicht klar. Und wenn es eine ganze Woche regnet, tust du dir mit der Motivation dann auch langsam schwer. Es kommt natürlich stark auf einen selbst als Führer der Gruppe an, auf das richtige Verhältnis von Autorität und Humor.

Und darauf, ob die Teilnehmer das aufnehmen, was dir selbst Nepal bedeutet, oder?
Das wäre der Idealfall. Trekking ist für mich eine Art „Aussteigen auf Zeit“, weg von der Zivilisation. Du reduzierst deine Bedürfnisse auf gehen, essen und

Trekking mit Freunden: Karl Stoss und Friedrich Stickler in der Khumburegion in Nepal

schlafen. Du musst dich immer wieder neu anstrengen, um das nächste Etappenziel zu erreichen. Du musst mit der Ruhe zurechtkommen, die der Himalaja ausstrahlt. Du wirst angesichts dieser riesigen Berge wieder auf das einfache Leben zurückgeworfen. Dann hast du die Chance, in dich hineinzuhorchen, dich selbst genauer kennenzulernen und einen neuen Standort für dich zu bestimmen.

WIE AUF EINER HIMMELSLEITER

DER NORDGRAT DES KANGCHENDZÖNGA

Der Kangchendzönga wurde als Letzter der drei höchsten Berge dieser Erde bestiegen. Den 8586 Meter hohen Gipfel allerdings sollen George Band und Joe Brown am 25. Mai 1955 nicht betreten haben. Wenige Meter unterhalb kehrten sie um, was Charles Evans dazu veranlasste, ihn als den „unberührten Gipfel" zu bezeichnen. Nach wochenlangen, unvorstellbaren Strapazen hatten sie sich mit einer britischen Mannschaft durch die 3000 Meter hohe Südwestwand des Kangchendzönga, die Yalungwand, hinaufgearbeitet. Die nepalesischen Behörden hatten die Besteigung nur unter der Voraussetzung genehmigt, dass die Spitze des in ihren Augen heiligen Berges nicht betreten werden würde, und angeblich hielten sich die Briten an dieses Versprechen. Auch spätere Bergsteiger taten dies, aber irgendwann ließ der Respekt vor dem Glauben der Einheimischen nach, der Gipfel blieb nicht länger „unberührt". Expeditionen aus dem deutschsprachigen Raum hatten sich bereits in den Jahren 1929, 1930 und 1931 am „Kantsch", dem mächtigen Grenzberg zwischen dem Königreich Nepal und Sikkim, versucht. Zweimal wählten deutsche Bergsteiger unter Leitung von Paul Bauer einen Weg am endlos langen Nordostsporn, beide Male erfolglos.
Die große Expedition von 1930 unter Leitung von Günter Oskar Dyhrenfurth ging den Berg von seiner Nordwestseite an, musste ihr Vorhaben allerdings in den mächtigen Eisbrüchen aufgeben. Nach Kriegsende dann war der Zugang zum Berg jahrelang gesperrt, erst Anfang der Fünfzigerjahre gab es weitere Versuche von der Yalungseite aus. Zweifellos konnte die erfolgreiche britische Expedition auf den Erfahrungen ihrer Landsleute bei der Mount-Everest-Erstbesteigung von 1953 und auch auf denen der Italiener am K2 1954 aufbauen. So wurden am Kangchendzönga bereits verbesserte Sauerstoffgeräte verwendet.

Seit jener Zeit hatte sich bis in die späten Achtzigerjahre an den Achttausendern selbst wenig geändert. Die unglaublich großen Neuschneemengen waren die gleichen wie zur Zeit der ersten Himalaja-Pioniere, die stets damit verbundene Lawinengefahr, die Bedrohung durch Eisschlag und das Problem des Sauerstoffmangels in großen Höhen traten genauso auf. Geändert hatte sich aber die menschliche Einstellung zum Berg. Nicht mehr große Expeditionen und Materialschlachten waren gefragt: Durchgesetzt hatte sich auch im Himalaja der Alpinstil und der Verzicht auf schwere und teils störanfällige Sauerstoffgeräte.

Es ist keineswegs einfach, Analysen über Todesfälle beim Höhenbergsteigen anzustellen, da die Gefahren des Himalaja sehr vielschichtig sind. Unbestritten aber ist, dass die Akklimatisationsphase, also die Anpassung des Organismus an das verringerte Sauerstoffangebot, von entscheidender Bedeutung ist. Sie sollte mindestens drei oder vier Wochen betragen. Ebenso wichtig ist – das hat sich bei unserer „Kantsch"-Besteigung im Alpinstil im Jahr 1988 einmal mehr gezeigt –, dass sich die Mannschaft gut versteht. Schon beim Anmarsch kristallisierte sich eine prächtige Harmonie innerhalb unseres kleinen Teams heraus, das sich auch vom oft miesen Wetter die Stimmung nicht verderben ließ.

Zusammengefunden hatten wir uns auf Einladung meines amerikanischen Freundes Carlos Buhler, als Dritter im Bunde gesellte sich noch Martin Zabaleta zu uns, ein Baske, der mittlerweile in Amerika zu Hause war. Mit uns waren die drei Sherpas Lhakpa, Nima und Dawa aufgestiegen. Sie halfen uns dabei, die Hochlager zu errichten. Bereits drei Tage nach unserem Eintreffen im Basislager stand das erste Hochlager in 5800 Meter Höhe an einer sicheren Stelle am Wandfuß des Kangchendzönga, am 13. April Lager 2, das wir direkt in einer Gletscherspalte auf 6400 Metern einrichteten. Doch dann wurden wir auf eine wochenlange Geduldsprobe gestellt, denn erst am 27. April klarte es auf. Wir konnten endlich den schweren Weg zum Gipfel antreten.

Die Nordwand unseres Berges war abgefegt. Die Bedingungen waren gut, der Luftdruck stieg stark, deshalb verließen wir fast fluchtartig unser Basislager. Mit uns gingen die beiden Sherpas Dawa und Nima – Lhakpa hatte starke Rückenschmerzen – ins Lager 1 hinauf. Gegen 14 Uhr, wir hatten es uns in den Zelten gemütlich gemacht, brach eine mächtige Eislawine ab. Sie donnerte durch das Couloir herab, das wir vorher mit Seilen versichert hatten. Unser Optimismus wurde stark gedämpft. Den Rest des Tages blieben wir lieber im Lager und kochten stundenlang Tee, tranken geradezu Unmengen davon.

Am 28. April verließen wir bereits früh um fünf die Zelte, querten den Gletscher und beeilten uns, durch das gefährdete Eiscouloir zu kommen, unter dem noch die Eisbrocken der Lawine vom Vortag herumlagen. Doch es blieb ruhig, keine Lawine unterbrach unseren Aufstieg. Gott sei Dank waren die Fixseile noch vorhanden, und am späten Vormittag bezogen wir das zweite Hochlager. Das Wetter war herrlich, es war windstill, der Himmel wolkenlos. Fünf oder sechs solcher Tage noch, dann konnte der Gipfel gelingen.
29. April: Es war bitterkalt – etwa 30 Grad unter null –, und es dauerte lange, bis die Durchblutung wieder richtig funktionierte. Gemeinsam mit Carlos versicherte ich die 400 Meter hohe, steile und völlig blanke Eiswand, die zum Nordgrat hinaufführt. Es ging gut voran, am späten Nachmittag waren wir bereits kurz unterhalb des Grats in leichterem Gelände, ruhten uns ein wenig aus und stiegen an den Fixseilen wieder zurück zum Lager 2, wo Martin, der früher abgestiegen war, für uns kochte und uns mit heißem Tee bewirtete.
30. April: Ruhetag im Lager 2. Wir hatten das bestimmte Gefühl, dass es diesmal klappen würde. Das Wetter war unverändert schön, die Schneebeschaffenheit ideal, der Wind hatte den Berg blank gefegt. Wir waren bestens akklimatisiert und hofften auf stabiles Schönwetter; drei bis vier Tage würden uns schon genügen …
1. Mai: Heute stieg die ganze Mannschaft bereits sehr früh durch die versicherte Eiswand. Das Eis war unerwartet hart und spröde, trotzdem fiel das Steigen leicht. Der Körper fieberte fast, es war wie eine Sucht, höher hinaufzukommen. Ich war weit voraus, fotografierte des Öfteren Dawa und Nima, die etwa 200 Meter unter mir waren. Carlos und Martin waren kleine Punkte, die sich an den Fixseilen höherschoben. Gegen 16 Uhr erreichte ich über dem steilen, ausgesetzten und überwechteten Nordgrat eine Stelle, die sich als Lagerplatz anbot. Als ich den Platz für unsere Zelte ebnete, spürte ich die Höhe doch; ich kämpfte gegen die bleierne Müdigkeit und war froh, als Dawa und Nima kamen und mir halfen, die Zelte aufzustellen. Kurz bevor es dunkel wurde, trafen auch Carlos und Martin ein. Die Nacht war kalt, aber es war wenigstens windstill. Eng aneinandergepfercht warteten wir gemeinsam auf den Morgen.
2. Mai: Schon früh trafen uns an der Ostseite des Nordgrats die ersten Strahlen der Morgensonne, und bald waren wir wieder an der Arbeit. Es galt, weitere 100 Meter Fixseile anzubringen, um auf die Schulter zu gelangen und damit leichteres Gelände zu erreichen. Die Wand brach nach Osten, in Richtung Sikkim, über 3000 Meter tief ab, die Ausgesetztheit war eindrucksvoll. Mit

Martin stieg ich weiter, während Carlos das Zelt abbaute, das wir mit hinaufnehmen mussten. Das Klettern gestaltete sich technisch schwierig. Steiles Blankeis und knapp unterhalb der Schulter auch noch gefährlich vereister Fels erforderten höchste Konzentration. Der pyramidenförmige Gipfelaufbau schien in der klaren Luft zum Greifen nahe, obwohl der Höhenunterschied immerhin noch 1600 Meter betrug. Wir kamen gut voran, und als der Höhenmesser 7900 Meter anzeigte, entschlossen wir uns, das letzte Lager einzurichten. Ein Felsblock bot guten Schutz für das Zelt. Noch am späten Nachmittag stiegen die beiden Sherpas wieder ins Lager 3 ab.
3. Mai: Das Barometer war während der Nacht stark gefallen, ein Wettersturz stand unmittelbar bevor. Es war noch windstill, doch wir wurden unruhig – an Schlaf war unter diesen Umständen nicht zu denken. Jeder stellte sich die bange Frage: Würde das Wetter noch halten? Nur einen Tag benötigten wir noch. Um vier Uhr früh bereiteten wir uns für den Gipfelgang vor. Eine Stunde später, es war immer noch dunkel, verließen wir im Schein der Stirnlampen das Zelt und querten zur Gipfelwand hinüber. Noch lagen 700 Höhenmeter vor uns. Wir wussten, dass es ein langer Tag werden würde. Wir waren uns einig: Jeder würde sein eigenes Tempo gehen. Sich in der Steilwand anzuseilen wäre sinnlos gewesen, weil wir sowieso nicht richtig sichern konnten.
In einer 40 Grad steilen, mit gepresstem Schnee gefüllten Rinne im linken Wandteil stieg ich höher, indem ich ab und zu nach rechts in die freigewehten Felsen des Nordwestgrats auswich. Das Steigen machte mir Freude, es fiel mir ähnlich leicht wie am Nanga Parbat. Die vier Wochen Akklimatisationszeit machten sich bezahlt. Ganz nah war der burgähnliche Felsaufbau am Nordwestgrat. Als ich um acht Uhr die kleine Scharte im Gipfelgrat erreichte, schob sich vom Yalung Kang eine dunkle Wolkenwand herüber. Starker Sturm kam auf, es begann zu schneien.
Die Erstbegeher waren an der südwestlichen Flanke des Grates aufgestiegen, ich kletterte direkt am Grat in Richtung Gipfel weiter. Der Grat war stark vereist, ich musste mich zu größter Aufmerksamkeit zwingen. Um 9.30 Uhr, nach viereinhalb Stunden, stand ich auf dem Gipfel des Kangchendzönga. Direkt am Gipfelfelsen erkannte ich ein kleines Plastikmännchen, das an einem Haken festgebunden war, einige gelbe Sauerstoffflaschen lagen herum. Die Kälte war unerträglich geworden; schnell befestigte ich meine Wimpel an einer

Im Aufstieg zum letzten Lager am Kangchendzönga

Aluminiumstange. Eine Viertelstunde nur dauerte mein Gipfelaufenthalt, dann stieg ich ab. Die Brille war vereist, ich musste sie mehrmals abnehmen, damit ich den Gratverlauf erkennen konnte.
Um 10.30 Uhr begegnete ich Carlos und Martin, die etwa 200 Meter unterhalb des Nordwestgrats waren und weiter langsam aufstiegen. Sie ließen sich von dem inzwischen zum Orkan gewordenen Sturm nicht zur Umkehr bewegen. In der Flanke hatte sich inzwischen Triebschnee gesammelt, der in Form kleiner Lawinen abging. Direkt in der Falllinie versuchte ich möglichst schnell abzusteigen. Total ausgepumpt kam ich um 11.30 Uhr im Lager 4 an. Über das Funkgerät drang lautes Freudengeschrei aus dem Basislager an mein Ohr – ich selbst hingegen war viel zu müde, um mich über den Gipfelsieg zu freuen. Ich kochte den ganzen Nachmittag Tee und wartete auf meine beiden Freunde.
Es wurde 18 Uhr, und noch war keine Spur von Carlos und Martin zu sehen! Hin und wieder hörte ich das Rauschen der Lawinen. Ich wartete; ehe es dunkel wurde, verließ ich das schützende Zelt und spurte im tiefer werdenden Neuschnee zur Gipfelwand hinüber. Mein Rufen blieb ohne Antwort. Wo waren Martin und Carlos?
Im Schneetreiben fand ich das Lager fast nicht mehr wieder. Als ich bis 20 Uhr immer noch nichts von den beiden gehört hatte, war ich mir sicher, dass sie von einer Lawine verschüttet worden waren. Es wurde 21 Uhr, der Wind hatte etwas nachgelassen, da hörte ich sie von weit weg rufen: „Peter, Peter!" Eine halbe Stunde später taumelten Carlos und Martin total erschöpft ins Lager. Es wurde eine schlimme Nacht.
4. Mai: Mehr als ein Meter Neuschnee war über Nacht gefallen, die Lawinengefahr wuchs ständig, und der Abstieg wurde mehr und mehr zu einem Glücksspiel. „Come on, let's go!", drängte ich meine Kameraden immer wieder zum Aufbruch. Wir durften unter keinen Umständen länger hier oben warten. Doch keiner rührte sich, ich war kurz vor dem Verzweifeln. Nur ein Gedanke beherrschte mich: Wir mussten hinunter ins Lager 3 – dort waren die Zelte, die Sherpas und genügend Gas zum Kochen. Das Wetter war besser geworden, es schneite immerhin nicht mehr, nur dicker Nebel erschwerte die Orientierung. Trotzdem, wir mussten hier weg! Einen tiefen Graben durch den lockeren Schnee wühlend, querte ich über das endlos erscheinende Plateau hinüber zur Bergschulter. Im Nebel war kaum auszumachen, wo ich mich befand. Verzweifelt suchte ich nach den Fixseilen, doch sie waren unter einer dicken Schneedecke verborgen, deren Krachen mir durch Mark und Bein fuhr.

Wie ging es Carlos und Martin, waren sie vielleicht noch oben im Lager 4? Ich stieg wieder hinauf, schrie wie ein Irrer in Richtung Lager. Gott sei Dank, sie kamen, noch ganz weit oben zwar, aber sie stiegen ab. Ich konnte mich wieder der Suche nach den Fixseilen zuwenden. Es gelang mir, ein Schneebrett abzutreten – die Seile lagen frei vor mir. Jetzt konnte nicht mehr viel passieren. Ich präparierte den Abstieg und sicherte mich über die Ostseite hinunter, verlor allerdings dabei das Funkgerät. Es war mir völlig egal. Nur hinunter nach Lager 3! Um 14 Uhr endlich erreichte ich den Lagerplatz – doch ich konnte die beiden Zelte nicht finden. Bis zur Brust im Triebschnee steckend, war mir zum Heulen zumute. War das überhaupt der Platz, wo die Zelte von Lager 3 standen, oder waren die Zelte von Lawinen verschüttet? Ich verstand das alles nicht so recht. Stunden später trafen die beiden Freunde ein, wir entschlossen uns, hier gemeinsam zu biwakieren. Es wurde eine stürmische und kalte Nacht. Immerhin, der Sturm hatte auch seine positive Seite: Er putzte den Berg blank.
5. Mai: Carlos hatte sich die Zehen erfroren, Martin und mich plagte ein böser Husten, ich spuckte mehrmals Blut. Der Abstieg über den verwechteten Grat war brutal. Zu all dem riss auch noch ein Steigeisenriemen, die Hände waren längst gefühllos. Es wurde der schlimmste Abstieg, den ich je durchzustehen hatte. Teilweise bis zur Hüfte im Schnee steckend, schwindelte ich mich über den Grat hinab. Nur kein Schneebrett auslösen ... Als ich die Fixseile in der Eiswand erreichte, sah ich weit über mir Carlos nachkommen, doch von Martin war keine Spur zu sehen. Ich wartete am Ende der versicherten Passage auf Carlos, gemeinsam querten wir die Lawinenhänge zum Lager 2 hinunter. Doch auch dieses Lager existierte nicht mehr. Eine mächtige Lawine hatte es weggefegt, alle drei Zelte waren verschwunden, mit ihnen Funkgeräte, Kameras – alles war weg. Unsere Enttäuschung war riesengroß. Doch wenigstens sahen wir jetzt Martin, der gerade am Ende der Fixseile angelangt war. Das Gefühl, dass wir es schaffen würden, wuchs zunehmend in uns, obwohl noch eine letzte gefährliche Passage, das lawinengefährdete Couloir auf dem Weg zum Lager 1, vor uns lag. Dort endlich waren wir in Sicherheit.
Am späten Nachmittag torkelten wir todmüde die letzten Meter durch den Tiefschnee dem rettenden Lager entgegen. Lhakpa brachte uns Tee. Dann erfuhren wir, dass Nima und Dawa, als die Lawine die Zelte verschüttet hatte, in der Nacht zwölf Stunden abgestiegen waren und sich in Sicherheit bringen konnten. Noch trennte uns eine letzte schlimme Nacht vom Basislager Pang Pema. Wir erreichten es alle gemeinsam am Mittag des 6. Mai.

„DU MUSST IRGENDWO DAS LETZTE, DAS ÄUSSERSTE, WAS DU IN DIR HAST, AKTIVIEREN"

Zum Kangchendzönga habe ich unterschiedliche Äußerungen von dir im Ohr, Peter – auf der einen Seite dein größter Erfolg, auf der anderen Seite der schlimmste Abstieg deines Lebens. Wie passt das zusammen?
Doch, doch, das passt schon zusammen, das eine schließt ja das andere nicht aus. Der Abstieg war tatsächlich furchtbar, zwischendurch dachte ich, wir kommen nicht mehr hinunter. Und trotzdem war der Kantsch mit Sicherheit mein größter Erfolg, weil ich von der Kraft und von der Schnelligkeit her noch nie und auch danach nie wieder so gut beieinander war. Immerhin war ich 1988 schon Mitte vierzig. Der Kangchendzönga ist ein mächtiger Berg, ausladend, fast 8600 Meter hoch, der dritthöchste Gipfel überhaupt, und er ist schwierig. Neben dem K2 ist er einer der anspruchsvollsten Achttausender. Dass ich ihn über den Nordgrat in einer solchen Geschwindigkeit besteigen konnte, das war der Höhepunkt meiner bergsteigerischen Laufbahn, ohne Zweifel.

Ein Modeberg ist der Kangchendzönga wirklich nicht, er wird ähnlich selten bestiegen wie der Lhotse oder die Annapurna. Schon daran sieht man, wie hoch die Anforderungen sind.
Die Erstbesteigung über die Südwestwand durch die Briten war damals, 1955, eine tolle Leistung. Charles Evans leitete die Expedition, die vier Mitglieder auf den Gipfel brachte. Der Kangchendzönga galt, ähnlich wie heute der Kailash oder der Machapuchare, als heiliger Berg, der als Sitz der Götter respektiert und nicht betreten werden sollte. Die Briten stellten das auch so dar, dass sie ein paar Meter unterhalb des höchsten Punktes umgekehrt seien. Mittlerweile glaube ich das allerdings nicht mehr; ich denke, dass sie am Gipfel waren.

Woraus schließt du das?
Weil ich 1988 die Verhältnisse vor Ort gesehen habe. Zum Gipfel führt eine kurze Kaminverschneidung, vielleicht drei oder dreieinhalb Meter hoch.

Durch sie erreicht man das Gipfelplateau, eine relativ kleine Fläche mit einem Felsabschluss rechts. In dem Buch, das Charles Evans nach der Expedition veröffentlichte, „Kangchenjunga the Untrodden Peak", also „der unberührte Gipfel", ist ein Foto abgebildet, auf dem sich ein Bergsteiger durch diesen Kamin nach oben stemmt. Ich bin überzeugt, dass das der Kamin ist, der zum Gipfel führt. Und wer einmal durch diesen Kamin geklettert ist, der geht oben noch fünf Meter und ist dann am Gipfel.

Zu eurer Zeit wurde das nicht mehr so streng gehandhabt, es hatte sich eingebürgert, bis ganz auf den Gipfel zu gehen.
Ja, das ist alles viel milder geworden. Auch die Ama Dablam war ja ursprünglich als heiliger Berg nicht zur Besteigung freigegeben, und als sie 1961 durch Mitglieder einer Expedition Edmund Hillarys erstmals bestiegen wurde, ohne Genehmigung, wurde ihm das schwer angekreidet. Das gab es schon immer, dass Berge heimlich und ohne Genehmigung durch die Behörden bestiegen wurden, wenn sie schön und attraktiv waren, das war immer mal wieder Gegenstand von Diskussionen.

Als ihr 1988 aufgebrochen seid, wart ihr zu dritt, ein kleines Team, ganz in deinem Sinne. Je kleiner das Team ist, desto mehr musst du dich auf deine Partner verlassen können. Wie ergab sich das damals, dass gerade ihr drei zusammengekommen seid?
Da hatte ich großes Glück, denn ich kannte Carlos noch gar nicht lange, und Martin habe ich sogar erst auf der Expedition kennengelernt. Und doch verstanden wir uns außerordentlich gut. Ergeben hatte sich das so: Ich wurde 1987 von Phil Erard nach New York eingeladen, um den Vortrag beim Annual Dinner des American Alpine Club, Section New York, zu halten. Nach dem Vortrag gingen wir noch in die Bar, und da saßen ein paar amerikanische Kletterfreaks, unter anderem Carlos Buhler, der mir sofort sympathisch war. Er fragte mich, was ich im nächsten Jahr vorhätte. Ich hatte noch keine definitiven Pläne. Er wollte eben den Kantsch probieren, in einem kleinen Team, von der Nordseite, die Route von Doug Scott, Joe Tasker und Peter Boardman aus dem Jahr 1979, und lud mich dazu ein. Eine anspruchsvolle, auch gefährliche Route – ich war Feuer und Flamme. Zuerst war nur unsere Zweierseilschaft geplant, um möglichst schnell zu sein. Später schlug er vor, Martin Zabaleta mitzunehmen, einen sehr guten baskischen Bergsteiger, der in Amerika lebte

und den Everest ebenfalls ohne Sauerstoff gemacht hatte. Mir war das recht, er war schließlich der Expeditionsleiter und konnte einladen, wen er wollte. Martin erwies sich tatsächlich als toller Bursche, freundlich und stark.

Die Finanzierung der Expedition konntet ihr zu dritt auf die Beine stellen?
Auch bei den Finanzen erwies sich Carlos als sehr geschickt. Er nahm eine Trekkinggruppe ins Basislager mit, lauter Ärzte, die Seminare in Höhenmedizin machten. So konnte er Geld auftreiben, und wir hatten zudem ein gut ausgestattetes Basislager. Der Anmarsch über Ghunsa und Khambachen ist relativ lang, er führt rund zehn Tage durch eine wunderschöne Gegend, man kommt direkt am Jannu vorbei. Im Basislager Pang Pema stellten wir unsere Zelte auf; die Trekkingleute blieben noch eine Woche und gingen dann wieder zurück. Sogar von den medizinischen Seminaren profitierten wir. Wir lernten zum Beispiel, wie man fachgerecht Wunden vernäht. Martin hatte als Proviant einen großen spanischen Schinken mitgenommen, und an diesem Schinken haben wir dann geübt: Wir machten mit dem Messer einen Schnitt und nähten ihn anschließend wieder zu. Ich hatte vorher nicht gewusst, wie man das macht, das war sehr lehrreich. Aber natürlich haben wir nicht nur geübt, wir haben den Schinken nach dem Training auch gegessen.

Das klingt nach fröhlichem Lagerleben.
Na ja, das war eigentlich eher Zeitvertreib, denn wir hatten am Anfang sehr schlechtes Wetter. Der Kangchendzönga steht ähnlich isoliert wie der Nanga Parbat und zieht das schlechte Wetter regelrecht an. Pang Pema liegt auf rund 5000 Metern, das sind dann immer noch 3500 Höhenmeter bis zum Gipfel. Zum Wandfuß ist es weit, man läuft lange über den Gletscher, bis man zum Einstieg kommt. Es dauerte einige Zeit, bis wir sukzessive die Lagerkette aufgebaut hatten, aber wir arbeiteten von Anfang an gut zusammen. Es war sofort spürbar, dass wir harmonierten und dasselbe Ziel hatten. Auch unser dreiköpfiges Sherpa-Team war hervorragend. Lhakpa, unser Sirdar, war schon am Cho Oyu dabei gewesen und organisierte den reibungslosen Lastentransport. Bei meinen früheren Kleinexpeditionen hatte ich am Berg selbst nie Sherpas dabei, aber am Kangchendzönga war klar, dass es ohne Sherpas und fixe Zwischenlager nicht geht, weil der Weg zu weit und zu schwierig ist. Wir mussten mit mindestens zwei Monaten rechnen. Die Sherpas transportierten die Lasten und halfen uns, die Hochlager einzurichten. Ich war schon immer ein gro-

Die Nordwand des Kangchendzönga

ßer Freund der Sherpas, das sind einfach prächtige Menschen. Wir hatten eine freundschaftliche, nette Atmosphäre im Basislager, überhaupt keinen Stress. Und dadurch, dass wir immer wieder dorthin zurückkehrten, konnten wir uns ausreichend akklimatisieren.

Ihr habt also diesmal genau das getan, was ihr am Cho Oyu zu wenig beachtet hattet, seid immer höher hinaufgestiegen und habt euch dazwischen im Basislager erholt.

Das trug sicher wesentlich zu meiner guten Verfassung bei. Insgesamt waren wir natürlich auch viel länger dort. Das Lager 1 bauten wir unterhalb des Wandfußes auf dem Gletscher auf, aber in einer sicheren Zone. Lager 2 stellten wir in eine Gletscherspalte, damit es geschützter war. Das dritte Lager befand sich unterhalb des Aufschwungs, der dann sehr steil hinaufführt auf dieses große, plateauähnliche Band, das sich hinüberzieht und direkt zum Gipfelaufbau führt. Dann wurde das Wetter so verheerend, dass wir sowieso ganz hinunter mussten. Kalt war es auf der Nordseite des Kantsch immer, auch im Basislager, und am Grat erst recht, wo ständig der Wind pfiff. Wie die Luchse lauerten wir darauf, dass wir endlich höher hinaufkamen, denn wir waren zu diesem Zeitpunkt schon mehrere Wochen am Berg und mussten schauen, dass wir das überhaupt noch schafften.

Carlos Buhler und Martin Zabaleta waren konditionell genauso gut drauf wie du?
Wir waren alle drei in einer ganz hervorragenden Verfassung. Wir stiegen, als das Wetter einen Gipfelvorstoß erlaubte, in einem Zug vom Basislager bis ins Lager 3 hinauf. Ich hatte eine Leica dabei und fotografierte viel; das macht man nur, wenn man noch Reserven hat, wenn man nicht allein vom Gehen schon völlig absorbiert ist. Im Lager 3, auch das an einer vermeintlich sicheren Stelle unter einem Felskopf, standen zwei Zelte, eines für die Sherpas, eines für uns. Für die Lager mussten wir jeweils Plateaus schaffen und die Zelte gut absichern, weil der Wind immer so stark blies. Nach unten hin brach das Gelände steil ab. Von Lager 3 weg lief ich als Erster los – ich muss zugeben, ich bin natürlich nicht ungern der Erste, denn ich bin neugierig und will immer sehen, wo geht's jetzt weiter, wie machen wir das. Ich suche gern den Weg, und manchmal tue ich mir durch meine jahrzehntelange Erfahrung halt doch leichter. Wir gingen ja meistens ohne Seil, da war das problemlos möglich. An einer Stelle allerdings, wo man einen Felskopf erklettern muss, von dem weg es flach hinüber zum Gipfelaufbau geht, war es so steil, dass wir ein Seil fixieren mussten.

Wolltet ihr an diesem Tag noch bis zum Gipfel kommen?
Nein, es war klar, dass wir noch ein Hochlager errichten mussten. Lager 3 beließen wir und hatten noch ein weiteres Zelt für Lager 4 dabei, das wir in etwa 7900 Meter Höhe aufbauten. Zwei Sherpas kamen mit und halfen uns, stiegen dann aber wieder ins dritte Lager ab, um uns am nächsten Tag dort zu erwarten, wenn wir hoffentlich vom Gipfel zurückkamen. An diesem Abend merkten wir dann schon, dass es ein langer Tag gewesen war und wir müde waren. Vor allem aber fiel der Luftdruck stark ab, und es wurde spürbar wärmer – sonst war es ja am Kantsch immer sehr kalt gewesen.

Ein schlechtes Zeichen.
Ja, es zogen auch Zirren auf am Abend, unten wurde es neblig. Wenn die Wolken anfangen, so über die Gipfel zu fließen – Teufel, hab ich mir gedacht, das

Wetter wird schlecht. Aber jetzt waren wir schon heroben, und Zeitreserven hatten wir auch keine mehr. Wir mussten es versuchen, aber es war klar, dass es knapp werden würde. Nach einer relativ guten Nacht fingen wir sehr früh an zu kochen, um genug Flüssigkeit zu haben. Derjenige, der mit dem Kopf zum Zeltausgang lag, musste kochen, der musste den Schnee hereinholen und den Kocher bedienen. Als wir aufbrachen, war es schon kalt, aber lang nicht so kalt wie vorher. Während wir zum Wandfuß hinüberquerten, da war es noch nicht ganz hell, merkte ich schon, dass Martin und Carlos viel langsamer gingen als ich.

Schneite es da schon?
Nein, da war es noch schön, nur irgendwie so dumpf – ein ganz eigenartiges Licht in dieser Flanke. Ich spürte, da braut sich etwas zusammen.

Wie viele Höhenmeter hattet ihr zum Gipfel noch vor euch?
Das waren vielleicht noch 700 Höhenmeter, relativ viel in dieser Höhe. Ich war einerseits sehr unruhig, spürte andererseits auch: Heute kann ich marschieren, heute „wälz ich alles nieder". Wir besprachen kurz, wie wir vorgehen wollten, denn dass ein Sturm in der Luft lag, das spürten wir alle. Die beiden waren damit einverstanden, dass ich vorausging und die Route checkte.

Das war ja auch eine Erleichterung für sie, dass du gespurt hast.
Nein, da gab es nichts zum Spuren. Der Schnee war ganz hart gefroren, windgepresst, und wir gingen von Anfang an mit Steigeisen. Auch deshalb ging es mir so gut, das war weniger anstrengend als so eine Schneestapferei. Carlos und Martin sagten also: „Go ahead, we stay together and you just go." Ja, dann bin ich natürlich los. Da wird es vielleicht sechs Uhr morgens gewesen sein. Es ging durch eine sehr steile Flanke, felsdurchsetzt, 40 bis 45 Grad steil, gut zu gehen. Angst hatte ich nur davor, dass irgendwo eine große Scholle ausbrechen könnte, mit der ich dann hinunterstürzen würde. Das klang alles so hohl, wenn ich über diese windgepressten Bereiche lief. Deswegen versuchte ich, die Felsen auszunützen, die natürlich vereist waren. Ich kam gut hinauf. Richtung Gipfel sah ich rechts den scharfen Felsturm, der wie ein Schloss aussieht, das „Castle" – wunderschön. Während dieses Aufstiegs habe ich fast einen ganzen Film verschossen. Ich war fasziniert von dieser Stimmung, von den ersten Sonnenstrahlen auf den Felsen. Und ich genoss es, dass es mir so gut ging.

Am „Kantsch" unterhalb des großen Plateaus

Um acht Uhr war ich schon in der Einsattelung am Grat. Der Gipfel steckte bereits in einer Wolke, aber ich war mir sicher, dass ich es bis ganz oben schaffen würde. Der Gipfelgrat war ein ausgeaperter Felsgrat, auf dem ich die Steigeisen abzog, weil ich erstens sowieso lieber ohne Steigeisen klettere und zweitens der Gefahr aus dem Weg gehen wollte, mich mit den Zacken der Steigeisen zu verhaken und dadurch abzustürzen. Die Kletterei direkt auf dem Grat war herrlich, wie auf einer Himmelsleiter ging es aufwärts.

Auf diesem Grat, auf dem es sicherlich rechts und links ziemlich weit hinunterging, war Sichern überhaupt kein Thema?

Ach woher denn, da kann dich niemand sichern, das dauert viel zu lange. Um Grate zu klettern, brauche ich niemanden. Das war wie auf einem der Zillertaler Grate, auf dem Turnerkamp zum Beispiel bei schlechten Verhältnissen. Das mochte ich einfach gern. Ich kam rasch höher. Einmal stoppte mich ein Steilaufschwung am Grat, den ich links umgehen konnte, aber dazu musste ich die Steigeisen wieder anziehen, weil dort gefrorener Schnee war. Wenig später folgte der rötliche Kamin, den ich bereits erwähnte, und schon stand ich am Gipfel. Da war es halb zehn.

Viereinhalb Stunden vom letzten Lager –
Und ich war nicht einmal müde. Ich fühlte mich stark und war unheimlich zufrieden. Ich stellte die Stange am Gipfel auf, befestigte meine Wimpel, machte meine Gipfelfotos. Ich wollte ja auch beweisen können, dass ich oben war. Und dann war mir klar, dass ich so schnell wie möglich wieder verschwinden musste. Das Wetter wurde ständig schlechter, Wolken zogen herein. Aber hinunter würde ich schon finden, zuerst über den Grat zurück und dann nach rechts weg. Ich war vielleicht eine Viertelstunde am Gipfel, dann bin ich schon wieder los. Am „Castle" kam mir Martin entgegen, Carlos war noch weiter zurück. Es hatte zu schneien begonnen, der Sturm wütete, und es war plötzlich so kalt geworden, dass wir kaum miteinander redeten. Er fragte mich, wie weit es noch sei, ich schätzte, etwa eine Stunde, und er setzte seinen Weg zum Gipfel fort. In der Scharte begegnete ich Carlos, der mich ebenfalls fragte: „Is it far? Where is Martin?" – „Well, he is a little bit above you. You are close to the summit, so go for the summit", sagte ich, obwohl die Wettersituation da schon katastrophal wurde, die Sicht war weg.

Die kleine Plastikfigur wurde von einer koreanischen Expedition direkt am Gipfel des Kangchendzönga hinterlassen.

Aber wäre es nicht vernünftiger gewesen, wenn du sie davon überzeugt hättest, mit dir abzusteigen, als sie in ihrem Wunsch, zum Gipfel zu gehen, noch zu bestärken?
Nein, das würde ich mich nie zu sagen trauen. Diese Entscheidung muss ich ihnen schon selbst überlassen. Die Burschen waren gut drauf, nur wenig langsamer als ich. Ich konnte ihnen doch nicht den Gipfel ausreden. Sie gingen weiter, und ich stieg nach rechts in die Flanke. Da musste ich auch wieder sehr konzentriert gehen und darauf achten, dass ich nicht mit den Steigeisen ir-

gendwo hängen blieb. Um mich herum war das graue Nichts. Wo war ich da gegangen, links, rechts? Es verunsichert einen sehr, wenn man nichts sieht. Wenn ich das Zelt nicht finden würde, war es aus. Ich hielt mich nach rechts in die Felsen und wusste, unten muss ich den großen Felsriegel erwischen, dann komme ich zu der Stelle, wo ich auf einer Höhe hinüber zum Zelt von Lager 4 gehen kann. Hie und da riss es ein bisschen auf, sodass ich mich umschauen konnte, und den Höhenmesser hatte ich auch. Um dreiviertel zwölf erreichte ich das Zelt, das bereits eingeschneit war, so viel Schnee fiel mittlerweile. Um zwölf Uhr nahm ich Funkkontakt mit dem Basislager auf. Da sagten sie mir dann schon, dass es sehr viel Neuschnee gegeben hatte und dass wir unbedingt so tief wie möglich absteigen sollten. Mit Carlos und Martin hatte ich vereinbart, dass wir in Lager 4 aufeinander warten würden. Also wartete ich, kochte Tee, trank viel und wartete wieder.

Funkkontakt zu Martin und Carlos hattest du keinen?
Nein. Wir hatten nur ein Funkgerät, und das blieb in Lager 4, das war ja viel zu schwer, um es auf den Gipfel mitzutragen. Ich machte mir dann langsam Sorgen, weil es immer später wurde und die beiden nicht auftauchten. Zu diesem Zeitpunkt schneite es schon sehr stark, auf dem Zelt hatte sich eine riesige Schneekuppe angesammelt. Ich hatte vor allem deswegen Bedenken, weil unser Rückweg immer problematischer wurde, je länger es schneite: Die Lawinengefahr stieg weiter an, und ohne Sicht den Weg über die weite Schneefläche zu finden war praktisch unmöglich. Ich fragte mich ernsthaft, wie wir da hinunterkommen sollten. An dem wichtigen Eckpunkt, wo das flache Gelände in die Steilstufe führte und die Fixseile nach unten begannen, hatten wir eine lange Bambusstange aufgesteckt. Was, wenn die Stange wegen des vielen Schnees nicht mehr stand? Wenn wir nicht zielgenau dorthin kamen, dann kämen wir überhaupt nirgends hin. Ich war so unruhig, dass ich mich noch einmal aufraffte, mich wieder anzog und über dieses ganze Plateau hinüberging zu der Stelle, wo die Stange war.

Und sie war noch da?
Die Stange steckte noch. Eigentlich hätte ich zu unseren Sherpas ins Lager 3 gehen können, in einer Stunde wäre ich unten gewesen. Aber ich fühlte mich den anderen gegenüber verpflichtet zu warten, das hatten wir ja vereinbart. Durch den mittlerweile knietiefen Schnee watete ich wieder zurück zum Zelt.

Aber Martin und Carlos waren immer noch nicht da. Es wurde fünf, es wurde sechs, und es schneite weiter. Die Furche, die ich durch das Plateau gezogen hatte, war schon wieder zugeschneit. Ja, und irgendwann denkt man sich dann, das war es jetzt, jetzt wird's aus sein, die kommen nicht mehr. Eine Lawine hat sie erwischt. Da war es dann natürlich schon so spät, dass ich auch nicht mehr weiter hinuntergehen konnte. Zwischendurch döste ich immer wieder ein, und irgendwann hörte ich dann jemanden rufen.

Das waren Carlos und Martin, die das Zelt nicht fanden.
Genau. Ich rief zurück, und schließlich kamen sie mit letzter Kraft zum Zelt gewankt, beide vollkommen erledigt. Sie waren am Gipfel gewesen und hatten im Abstieg die Orientierung verloren. Sie irrten hin und her und dachten, ihr letztes Stündchen hätte geschlagen. Es wurde keine angenehme Nacht, Carlos hatte sich die Zehen ziemlich angefroren. Morgens steckte alles in dichtem Nebel, aber wenigstens hatte es zu schneien aufgehört.

Und dann musstet ihr irgendwie da hinunterfinden.
Ja, aber das Problem war, dass Carlos und Martin nicht gehen wollten. Die wollten dableiben und besseres Wetter abwarten. Natürlich, sie waren völlig erschöpft und fertig, aber mir war klar: Wenn wir in dieser Höhe noch länger abwarten, dann sind wir irgendwann tot. Eine weitere Nacht da heroben überleben wir nicht, auch ich nicht, obwohl es mir eigentlich recht gut ging, außer dass ich müde war. Ich versuchte sie also davon zu überzeugen, dass wir so schnell wie möglich aufbrechen mussten, doch so viel wir auch diskutierten, sie wollten einfach nicht. Bis ich dann irgendwann gesagt habe: „Okay, you wait – I won't wait. I'm going down. You wait and you die – but I want to live." Das waren die ersten harschen Worte, die ich mit meinen Freunden wechselte. Sie machten dann doch Anstalten, sich zum Gehen fertig zu machen. Es dauerte eine Stunde, bis sie so weit waren, und dann zweifelten sie wieder: „We think it's much better if we wait. And tomorrow maybe the sun is out and then we go down easily." Aber ich wusste, da würde nichts mehr draus werden – nix „going down easily". Ich sagte: „Come on, please, we have to go down now", und als alles nichts half, ging ich allein los. Ich zog wiederum eine Furche durch den lockeren Schnee, in dem ich praktisch bis zum Bauch versank, und versuchte, auf die noch nicht sichtbare Stange zuzuhalten. Die Stange war meine Hoffnung: Wenn ich sie fand, dann müsste ich auch ganz hinunterfin-

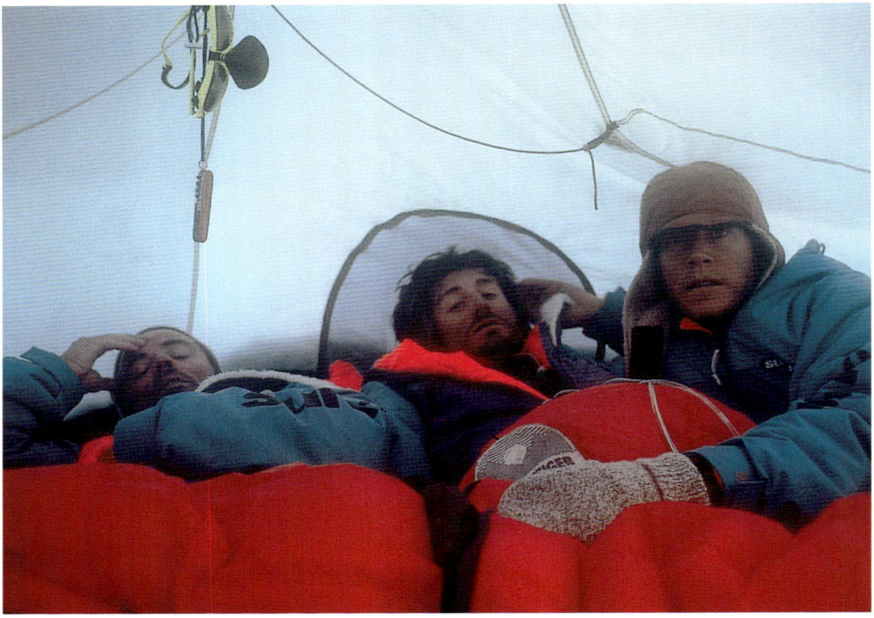

Im letzten Hochlager nach dem Gipfelgang am Kangchendzönga

den. Recht war mir das natürlich nicht, dass die anderen zurückblieben, und ich schrie noch einmal zurück: „Martin! Carlos! Come on, push yourselves!“ Da streckte einer von ihnen den Kopf aus dem Zelt: „Okay, we're also starting.“ Ich zog also weiter meine Spur, drehte mich immer wieder um, um zu schauen, ob sie auch wirklich kamen, und versuchte, leicht fallend ungefähr da zu gehen, wo ich am Vortag gegangen war, denn gesehen habe ich nichts mehr, und zu tief durfte ich nicht kommen, denn da kam ja dieser Abbruch. Martin und Carlos mussten sich vor Erschöpfung immer wieder hinsetzen, und es war klar, dass das jetzt eine richtig harte Sache werden würde, die beiden da hinunterzubekommen. Aber das Schlimmste war, dass ich die Stange nicht fand. Meinem Gefühl nach war ich schon längst an der Stelle vorbei, wo wir in die Steilstufe absteigen mussten, aber es war einfach keine Stange mehr da. Der Wind musste sie umgeweht haben. Jetzt war ich langsam am Ende meines Lateins, ich hatte keine Ahnung, wie wir ohne unsere Fixseile hinunterkommen sollten. Ich begann dann, den Schnee abzutreten – ich ging immer wieder ein Stückchen weiter hinaus und versuchte, die Schneemassen nach unten wegzutreten. Gesehen habe ich kaum etwas, aber das war die einzige Möglichkeit, und zum Glück war es so viel Schnee, dass er in größeren Schollen abbrach. Auf diese Weise tastete ich mich immer weiter vorwärts, ging hierhin und dahin, um den Schnee abzutreten, und irgendwann – es dauerte sicherlich fast zwei Stunden – traf ich tatsächlich auf die Stange, die abgebrochen im Schnee lag. Und dann sah ich auch die Verankerung, an der unser Fixseil angebracht war.

In deinem Bericht hast du das eher kurz zusammengefasst, aber das war ja ein richtiger Leidensweg.

Das war ein seltsamer Zustand zwischen Hoffnung und Verzweiflung – ich musste einfach dieses Seil finden! Dann war die Sache gerettet, zumindest glaubte ich das. Dummerweise verlor ich, als ich am Fixseil abstieg, das Funkgerät – es rutschte mir aus dem Anorak, und in dem tiefen Schnee war eine Suche zwecklos. Damit war die Verbindung in unser Basislager abgerissen. Nach der versicherten Passage ging es vielleicht noch 200 Meter hinunter zum Lager 3. Die Wolken rissen sogar ein klein wenig auf, und ich sah, dass Carlos und Martin nachkamen, wenn auch langsam, Meter für Meter. Und dann dachte ich, das gibt's doch nicht – hier muss doch das Lager stehen! Da links der Felsen, das stimmte alles, nur das Lager war nicht mehr da. Wir hatten zwei Zelte stehen gelassen, und die musste eine Lawine mitgenommen haben.

Und eure beiden Sherpas?

Wie sich später herausstellte, hatte die Lawine Nima und Dawa in ihrem Zelt 300 Meter nach unten gerissen. Wie durch ein Wunder überlebten sie und konnten sich trotz ihrer Verletzungen und ohne Ausrüstung ins Lager 1 retten.

Aber wenn du am Vortag zu diesen Zelten hinuntergegangen wärst …

… dann wäre ich vermutlich hin gewesen. Das wurde mir aber alles erst später klar. Es war ja dann schon Nachmittag. Wir gruben uns mit der Schaufel ein Schneeloch und drängten uns da drin zusammen, um irgendwie die Nacht zu überstehen. Geredet haben wir nicht mehr viel, dazu waren wir zu erledigt. Auch am nächsten Tag war das Wetter nicht optimal, aber zum Absteigen reichte es, die Sicht war besser. Der Weg führte über den Grat, der war praktisch nicht zu verfehlen, und er war auch einigermaßen abgeblasen, das Gehen war also nicht ganz so anstrengend wie im tiefen Neuschnee. Dafür war er aber verwechtet, das erforderte wiederum große Aufmerksamkeit. Weiter unten mussten wir dann nach links in die Flanke, in der viel Schnee hing, aber da hatten wir auch wieder Fixseile gespannt, das war also relativ sicher. Danach allerdings, die lange Querung hinüber zum Lager 2, die führte durch einen extrem lawinengefährdeten Bereich, durch absolut grundlosen Schnee, da habe ich nur noch gebetet, dass keine Lawine abgeht.

Und du gingst immer vorneweg?
Ja, ich hatte da Kraft ohne Ende, einfach weil ich wusste, es geht um die Wurst. Ich wollte am Leben bleiben. Weit oben sah ich Carlos kommen, Martin war nicht zu sehen. Ich wusste genau, wo das Lager 2 stand, das war ein ausgeprägter Platz in einer Gletscherspalte. Aber dieses Lager war auch weg, auch von einer Lawine verschüttet, mitsamt unserer ganzen Leica-Fotoausrüstung, den Objektiven ... Aber das war ja in diesem Moment nicht wichtig. Ganz draußen sah ich zwei Sherpas kommen. Und dann erkannte ich auch die Spuren auf der Schneefläche. Am Vortag waren die Sherpas bei schlechtem Wetter in Lager 1 gestartet, um uns entgegenzugehen. Offensichtlich hatten sie mal Sicht und mal keine, denn die Spuren führten in Mäandern durch den Schnee, bis sie aufgeben mussten. Nun kamen sie direkt auf uns zu, brachten uns Tee und Proviant – wir hatten ja zwei Tage nichts mehr gegessen und auch nichts mehr zum Trinken gehabt. Sie hatten schon befürchtet, dass wir umgekommen wären, und waren mehr als froh, uns wiederzusehen. Nur Martin war immer noch nicht in Sicht, und wir befürchteten, dass er in eine Lawine gekommen war. Wir liefen also gemeinsam ins Lager 1 und warteten, es wurde dunkel, und wir hatten die Hoffnung schon aufgegeben, da kam Martin doch noch daher. Alle haben wir gehustet, ich spuckte Blut, Carlos spürte seine Füße nicht mehr, Martin war groggy. Aber wir haben überlebt. Und am nächsten Tag gingen wir ganz langsam über diesen Gletscher hinaus ins Basislager. Vor Pang Pema mussten wir noch einen kleinen Gegenanstieg machen, etwa 100 Höhenmeter über brüchigen Moränenschotter, dafür brauchten wir mehr als eine Stunde. Und dann kamen wir ins Basislager und waren gerettet.

Carlos konnte den Rückmarsch trotz seiner Erfrierungen an den Füßen noch machen?
Erst mal ruhten wir uns ein paar Tage im Basislager aus, dann liefen wir nach Ghunsa zurück, und von dort sollte ihn ein Hubschrauber abholen. Ich blieb

mit Carlos in Ghunsa, um mit ihm auf den Hubschrauber zu warten, die Mannschaft und die Träger zogen weiter. Ghunsa ist ein sehr schöner kleiner Ort, alles Holzhäuser, fast wie ein Tiroler Dörfl. Wir warteten dann schon eine ganze Woche, dem Carlos ging es nicht gut – alle seine Zehen waren blau, und wir konnten ihm ja nur ein blutverdünnendes Mittel und Schmerztabletten geben. In Schuhe kam er sowieso nicht mehr hinein. Irgendwann dauerte es mir zu lange, und ich machte mich dann doch allein auf den Rückweg. Als ich vier oder viereinhalb Stunden unterwegs war, irgendwo im Wald, hörte ich den Hubschrauber. Carlos erzählte mir dann nachher, dass er den Piloten anwies, er solle der Straße folgen, damit sie mich aufnehmen könnten, aber der Wald war zu dicht, und ich konnte mich ja nicht bemerkbar machen. Wie im Film kam ich mir vor, ich sah, wie der Hubschrauber ganz knapp über mich hinwegtuckerte, und konnte nichts tun. So musste ich dann halt doch ganz hinauslaufen, nach Taplejung zum Bus. Und dann war es vorbei, das Kangchendzönga-Abenteuer …

Aber was wäre gewesen, wenn du im Hochlager nicht diese unheimliche Ausdauer und Kraft gehabt hättest, durch den tiefen Schnee zu spuren und den Abstieg zu finden?
Das weiß ich nicht, das ist alles Mutmaßung. Carlos sagte später: „Peter, you are an animal. Without you we would have died." Ich denke, ich hatte wohl auch wieder einen Schutzengel. Nein, am Kangchendzönga hatte ich nicht einen Schutzengel, da hatte ich zehn – einen für die Kraft, einen für den Mut, einen für die Zuversicht …

Ihr hattet riesiges Glück, dass ihr die Fixseile gefunden habt, dass euch keine Lawine verschüttet hat – das ist haarscharf ausgegangen.
Ja, das war meine schärfste Aktion.

Und trotzdem sagst du, das war dein schönster Gipfelsieg. War er deswegen so schön, weil –
Nein, nicht weil es so schlimm war. Sondern weil ich in der bestmöglichen konditionellen Verfassung war. Das muss man trennen. Und weil ich so gut beieinander war, weil ich noch mehr Kräfte hatte als meine Partner, hat der Abstieg noch funktioniert. Deshalb ist das einfach mein intensivstes Erlebnis.

Der Wert des Erlebnisses hat also nichts damit zu tun, wie knapp es ausgegangen ist?
Nein. Wobei das Erlebnis sicherlich weniger intensiv und weniger interessant ist, wenn du dir leicht tust dabei. Aber es ist nicht so, dass ich von vornherein eine möglichst riskante Unternehmung suche. Im Gegenteil: Im Vorfeld möchte ich natürlich, dass es eine reibungslose, schnelle, tolle Besteigung wird, bei der alles funktioniert. Im Rückblick allerdings ist sie dann eben manchmal deshalb so wichtig, weil ich 125 000-mal über hohe Zäune springen musste.

Das größte Risiko an den Achttausendern ist das Wetter, dass man dem Wetter und der Kälte ausgeliefert ist – kann man das so sagen?
Schlechtes Wetter ist sicher die größte Gefahr. Aber man muss auch das schlechte Wetter mögen. Denn diese Leerzeit bei einer Expedition, in der man wegen des Wetters nichts machen kann, die man totschlägt, indem man liest oder Musik hört oder mit den Partnern redet, die ermöglicht einem Erholung, Akklimatisierung. Ich nahm Wetterstürze immer mit einer gewissen Dankbarkeit an. Im Basislager darf es ruhig einmal zwei Tage oder drei Tage stürmen. Da bist du sicher, bist gut versorgt, kannst wieder zu Kräften kommen. Ich kann auch mit schlechtem Wetter etwas anfangen – außer, wenn es ewig dauert, wie am Dhaulagiri.

Ich meine jetzt aber nicht im Basislager, sondern wenn es dich ganz oben erwischt.
Da musst du dich halt wehren. Da musst du all das einsetzen, was du gelernt hast, was du an Erfahrungen gemacht hast. Wetterstürze, vereisten Fels, das gibt es auch in den Alpen. Von irgendwoher kommt in solchen Situationen eine Überlebenskraft, eine Cleverness, die dich den richtigen Weg finden, dich keine Fehler machen lässt. Da bist du selbst gefordert, und du bringst dich zu 1000 Prozent ein. Ein anderer klappt um, bleibt sitzen, trifft die falschen Entscheidungen. Du musst irgendwo das Letzte, das Äußerste, was du in dir hast, aktivieren.

Das hat also viel mit Willen zu tun, mit Überlebenswillen. Im Kopf die Entscheidung zu treffen, dass man leben will und deswegen jetzt da hinuntermuss.
Das hat aber nicht nur mit Lebenswillen, sondern auch mit der körperlichen Verfassung zu tun. Ob du noch das Quäntchen Power hast, dich aufzuraffen.

Und ich glaube, das wird nicht mit dem Hirn, sondern mit dem Herzen entschieden. Es ist eine intuitive Entscheidung, die du einfach triffst: Ich mach' das, ich tu das.

Nach Möglichkeit hast du ja schon versucht, diese extremen Wetterbedingungen in großer Höhe zu vermeiden. Deswegen bist du ja auch einige Male – eben aus dem Gefühl heraus, dass das Wetter umschlägt – nicht weitergegangen und dadurch nicht auf den Gipfel gekommen.
So ist es. Aber das habe ich nie bedauert, ich habe diesen Gipfeln nicht nachgeweint. Ach wäre doch, ach hätte ich – das ist doch alles Käse. So, wie sich's ergeben hat, hat sich's ergeben. Das kann man im Nachhinein nicht mehr ändern.

Der Kangchendzönga 1988 war dein fünfter und letzter Achttausender. Du hast 1990 einen Versuch auf der Nordseite des Everest gemacht, 2000 warst du noch einmal am Everest und bist wieder gescheitert. War deine Achttausenderphase vorbei?
Natürlich, das ist ja auch eine Altersfrage. Am Kantsch war ich 45, und diese gute Verfassung, die ich dort hatte, die hast du ja nicht ewig. Solche Leistungen sind nicht mehr wiederholbar.

Kann es nicht auch mit dieser Grenzerfahrung am Kantsch zu tun haben?
Ich glaube nicht. Obwohl – ich kann mir schon vorstellen, dass das ein bisschen im Hinterkopf steckte mit einem gewissen Schrecken. Aber es war wohl eher so, dass ich mich nicht mehr so intensiv mit Expeditionen beschäftigte. Da standen dann wieder Vortragsreisen an, Führungen für die Bergschule, die Familie – hie und da war ich eigentlich auch sehr gern daheim und habe das Zuhause genossen. Da war dann vielleicht auch ein bisschen ein schlechtes Gefühl dabei, im Sinne von: Mensch, du kannst ja nicht immer so weitermachen, weil irgendwann geht es einmal in die Hose. Das könnte auch sein, ja.

Aber du hast nicht das Gefühl gehabt, so, jetzt reicht's, jetzt hab ich's ausgereizt?
Nein, bewusst habe ich das nicht so entschieden, ganz gewiss nicht.

SOLO-BEGEHUNGEN IM KARWENDEL UND IM WILDEN KAISER

„Wenn Mensch und Berg sich begegnen, geschieht etwas Großes." Leider weiß ich nicht mehr, wer das gesagt hat, aber für mich trifft dieser Satz den Nagel auf den Kopf. Er hat vor allem dann Gültigkeit, wenn der Mensch allein im Gebirge unterwegs ist, sich nicht mit einem Tourenpartner oder innerhalb einer Gruppe bewegt. Mensch und Natur stehen sich sozusagen eins zu eins gegenüber. Die Intensität, mit der Alleingänger die Gefahren des Gebirges erleben, ist kaum mehr zu steigern. Höchste Aufmerksamkeit und Konzentration ist gefordert, jeder noch so kleine Fehler kann zur Katastrophe führen. Die Natur verlangt außergewöhnlich viel Disziplin.

Alleingänge haben mir immer viel Spaß gemacht. Ich wusste, dass ich mein Bestes zu geben hatte, und ich wusste auch, dass für eine bestmögliche körperliche Vorbereitung der Alleingang ideal ist. Mir war wichtig, in möglichst kurzer Zeit Gratklettereien zu unternehmen oder auch schwierige Wände zu durchsteigen, keineswegs um einen Rekord aufzustellen, sondern einfach deshalb, weil Koordination, Schnelligkeit und Behändigkeit nicht besser zu trainieren sind.

Besonders wichtig für den Solo-Bergsteiger ist sein inneres Gleichgewicht. Wenn man nicht im Einklang mit sich selbst ist, geht es meist schief. Ich war öfter sehr gut drauf, mutig, spürte, dass ich körperlich, aber auch von der Psyche her meine Fähigkeiten sehr gut einschätzen konnte und die Sicherheit hatte, dass alles gut gelingen würde. Manchmal aber, besonders wenn das Wetter nicht richtig einzuschätzen und ich meiner selbst nicht sicher war, da war ich richtig feig. Gott sei Dank, kann ich nur sagen, hat dieser unglaublich wichtige Mechanismus praktisch immer funktioniert, auch wenn ich manchmal doch nicht ohne ein „blaues Auge" davonkam.

Meine ersten Alleinbegehungen „passierten" in den heimatlichen Zillertaler Bergen. Ich war damals als 17-, 18-jähriger Hilfsbergführer oft mit englischen Gruppen unterwegs, und nachdem die Normalanstiege auf den Großen Löffler, die Berliner Spitze oder auch am Schwarzenstein meist am Beginn des Nachmittags beendet waren (wir starteten mit unseren Gruppen häufig bereits gegen vier Uhr früh), nützte ich die verbleibende Zeit zum Trainieren. Meine Ziele waren der Feldkopf, die Mörchnerschneid, die Lapenspitze oder der Gigalitzturm, beileibe keine extrem schwierigen Anstiege, aber gerade richtig, um meine körperliche Leistungsfähigkeit zu verbessern. Zugute kamen mir meine verständnisvollen Lehrmeister, Zillertaler Bergführer wie Toni Volgger oder Otto Geisler, die Verständnis für mich hatten, wenn ich erst spät am Abend wieder auf der Hütte eintraf.

Gerne erinnere ich mich an eine sehr flinke Überschreitung vom Großen Möseler über den Turnerkamp und die Hornspitzen zur Berliner Spitze an einem herrlichen Sommertag. Mit Gästen waren Toni und ich von der Berliner Hütte aufsteigend bereits gegen elf Uhr vormittags am Gipfel des Großen Mölers angekommen. Mich stach wieder einmal der Hafer, ich wollte in möglichst kurzer Zeit eine lange Gipfelrunde machen. Toni hatte nichts dagegen, und unter dem Vorwand, ich müsse einen verlorenen Eispickel suchen, verabschiedete ich mich von unseren englischen Gästen und brach auf. Ich kletterte über jeden Turm und jeden Zacken im Gratbereich, das gebot mein Stolz. Über den Möselenock und die Rossruggspitze erreichte ich innerhalb kürzester Zeit die Rossruggscharte. Dann stand mir ein härterer Brocken bevor, der Turnerkamp. Der mächtige, besonders nach Norden hin unnahbar scheinende Gipfel war schon immer einer meiner Lieblingsberge gewesen – er ist es noch heute. Über den Westgrat wieselte ich Richtung Gipfel, stieg über den endlos langen, wegen einiger Fünfer-Stellen nicht unschwierigen Ostgrat ab und erreichte in leichter Kletterei, doch schon etwas müde, über die Fünfte und die Vierte Hornspitze um 14.30 Uhr den Gipfel der Berliner Spitze. Ich hatte diese Konditionstour in unglaublichen dreieinhalb Stunden geschafft! Die Zeit war mir allerdings weniger wichtig. Es kam mir vor allem darauf an, die vielen verschiedenen Bewegungsabläufe während des Kletterns, das Spreizen in Rissen, das Hangeln an scharfen Felskanten, das behutsame Prüfen der Griffe, die brüchig sein konnten, zu lernen und immer wieder zu üben – kurzum auf das, was mir später in wirklich extremen Routen im Wilden Kaiser, im Rofan, in den Dolomiten oder an den Bergen der Welt zugute kommen sollte.

Wenn man so will, war ich schon in den Sechzigerjahren „Profi-Bergsteiger". Ich hatte das Hobby zum Beruf gemacht. Als Bergführer verdiente ich mir ein bisschen Geld, das zum einen in Ausrüstung investiert wurde und mir zum anderen ermöglichte, ein selbstständiges, wenn auch nicht allzu üppiges Leben zu führen. Ich kam zurecht, besonders anspruchsvoll war ich nie. Dafür hatte ich immer viel Zeit – im Unterschied zu meinen Freunden, die einem „richtigen" Beruf nachgingen, aber außer an den Wochenenden kaum Zeit für Touren hatten.

Gern erinnere ich mich an eine Begehung der Direkten Nordostwand am Olperer, einer prächtigen Granitkletterei im fünften Grad. Seilfrei war ich in eineinhalb Stunden durch die Wand gestiegen. Ohne Seil war ich auch an der Laliderer-Nordkante (Herzogkante) im Karwendel unterwegs, noch dazu bei Regen, obwohl mein Ziel ein anderes gewesen war. Immer schon hatte mich die fast 800 Meter hohe, imposante Laliderer Wand mit den vielen Anstiegen fasziniert, besonders die Rebitschroute, deren Erstbegeher ich gut kannte und schätzte. Diese „Gerade Nordwand" war mir von zwei Begehungen her bekannt. Die erste hatte mit Andi Schlick stattgefunden, der kurz danach am Manaslu ums Leben kam. Beim zweiten Mal hatte mich Franz Kröll, ein äußerst leistungsfähiger Kufsteiner Kletterer, begleitet. Diesmal war ich allein auf die Falkenhütte gekommen. Peter Kostenzer, der damalige Hüttenwirt, schmiss mich anderntags früh aus den Federn. Ihm war die Sache nicht ganz geheuer, obwohl er wusste, dass ich die „Direkte" sehr gut kannte. Auch mir war ein bisschen mulmig, vor allem weil sich das Wetter wechselhaft zeigte. Trotzdem startete ich.

Ohne Seilsicherung ging hier allerdings nichts. Das Problem des Sicherns in einer derart gefährlichen und schwierigen Route ist unglaublich vielschichtig. Eines meiner alpinen Vorbilder war Walter Bonatti, der sich vor allem durch seine Solo-Erstbegehungen an der Dru und am Matterhorn einen Namen machte. Bonatti benutzte seinen Rucksack als „Seilpartner" und kletterte jeweils mit dem Seil zum nächsten Standplatz, wobei er es immer wieder mit Karabinern in die Haken einhängte. Am fixierten Seil stieg er dann wieder zu seinem Rucksack ab; während des zweiten Aufstiegs nahm er Karabiner, Haken und Schlingen wieder mit. Eine fürchterlich lange Prozedur, auch äußerst anstrengend, musste er die Wand ja sozusagen dreimal klettern.

Während der Solo-Begehung der Fleischbank-Ostwand

Ich hatte mir vorgenommen, die leichteren Passagen ohne Seilsicherung zu klettern, schwierige Stellen wollte ich mit Bonattis Taktik bewältigen. Bereits die ersten drei Seillängen in der „Direkten" sind schwer. Es stecken zwar Haken, aber der Zeitaufwand, den ich für meine Sicherung brauchte, war enorm. Frei zu gehen getraute ich mich einfach nicht, zudem verkrampfte ich immer mehr, brauchte einfach zu viel Kraft. Ich war heilfroh, als es leicht zu nieseln begann und mir der Rückzug leicht gemacht wurde: Ich seilte mich aus der dritten Seillänge hinunter ins Kar ab.
Etwas wollte ich aber doch noch tun. Das Seil deponierte ich am Weg zur Herzogkante, durchstieg diese wunderschöne, markante Route bei Regen in nicht ganz eindreiviertel Stunden, sauste durch die Spindlerschlucht wieder zurück und freute mich am späten Vormittag aufs zweite Frühstück beim Peter auf der Falkenhütte. Ich hatte wieder einiges für später gelernt, was das Anpassen meiner Fähigkeiten an die Natur anging.
Häufig hatte ich bei Alleinbegehungen auch Glück, aber nicht das Glück des Tüchtigen, sondern eher das des Dummen. Beim Solo-Bergsteigen gibt es nur einen Schuldigen, wenn ein Fehler auftritt: Das ist man selbst. Vor Fehleinschätzungen und falschen Entscheidungen ist niemand gefeit. Nur müssen sie sofort und auf der Stelle korrigiert werden. Wenn das funktioniert, lernt man Unschätzbares dazu.
Im Wilden Kaiser wurde ich einmal in der „Lucke/Strobl" am Bauernpredigtstuhl arg durchgebeutelt und kam nur mit viel Glück heil davon. Das war im Mai 1968, an einem neblig-feuchten Tag. Die Route im überhängenden Teil der Westwand wurde von zwei hervorragenden Kaiser-Kletterern, Hermann Strobl und Hans Lucke, eröffnet. Ich hatte sie auch schon einige Male gemacht, einmal mit meinem Freund Horst Fankhauser aus Finkenberg. Wir waren flott durchgestiegen, hatten keinerlei Probleme mit den Schwierigkeiten im sechsten Grad. Dieser Grad war damals überhaupt das Maß der Dinge, VI+ war die höchste Bewertung. Unterschiede gab es trotzdem; so wurde ein Rebitsch-Vierer von vielen Kletterern schwieriger empfunden als eine Sechser-Tour in anderen Gebieten. Von Anstiegen, die Hermann Buhl erstbegangen hatte, konnte man Ähnliches sagen.
Am Tag zuvor war mir die zweite Alleinbegehung des Karlspitzpfeilers gelungen. Hermann Strobl, der auch Hüttenwirt auf der Gaudeamushütte war, freute sich, nachdem ich ihn in meinen Plan eingeweiht hatte, dass ich den Lucke/ Strobl-Riss solo begehen wollte. Mir war immer daran gelegen, zu sagen, wo-

hin ich am Weg war. Das Wetter war durchwachsen; es regnete zwar nicht, aber im starken Nebel konnte ich erst kurz vor Erreichen des Bauernpredigtstuhls die Umrisse des Berges erkennen. Gleich nach dem Einstieg ging es zünftig los. Wenigstens der Tiefblick – ich sah ja nur in das dichte Nebelmeer – machte mich heute nicht nervös. Ruhig und konzentriert kletterte ich höher und erreichte innerhalb kurzer Zeit die Nische unter der überhängenden Schlüsselstelle. Ich fühlte mich wohl, hatte viel Kraft, überwand die schwierige Passage und machte oberhalb des Überhangs Stand. Der obere Teil der Route im fünften Grad würde leicht zu klettern sein. Vorher musste ich mich allerdings noch in die Nische zurückseilen, um das Hauptseil am vorherigen Standplatz zu lösen. Mir war klar, dass ich unter dem Überhang wegpendeln und etwa sieben Meter frei in der Luft hängen würde. Kein Problem, dachte ich; ich hatte zwei Steigklemmen ins Seil gehängt, mit denen ich mich relativ einfach wieder zum Stand hinaufarbeiten konnte.

Ich löste die Verbindung zu den Haken in der Nische und flog in das graue Nichts hinaus. Durch den Drall des Seils begann ich allerdings, mich rasend schnell zu drehen. Ich versuchte verzweifelt, zur Wand zurückzupendeln – es ging nicht. Das hatte ich nicht bedacht. Ich, dem doch schon beim Polkatanzen schlecht wird, drehte mich und drehte mich … Mir wurde schwindlig. Mir wurde übel. Ich wusste: Wenn ich jetzt ohnmächtig werde, sterbe ich. Mit letzter Konzentration gelang es mir, mich immer noch wild um mich selbst drehend, die Jümars am Seil nach oben zu schieben und wieder meinen Standplatz zu erreichen. Die restlichen Passagen waren dann einfacher, und über leichteres Gelände erreichte ich schließlich den Gipfel. Das hätte böse ausgehen können …

Im Wilden Kaiser hielt ich mich häufig mit Gästen auf dem Stripsenjochhaus auf. Das Klettergebiet ist ideal, es gibt jede Menge Tourenmöglichkeiten, und die Zustiege sind eher kurz. Mit einem Gast aus Wuppertal, Dieter Scholz, war Ende August 1974 eine Führung der Dülferroute in der Fleischbank-Ostwand geplant. Beim Zustieg durch die Steinerne Rinne merkte ich schon, dass Dieter an diesem Tag keinen Biss hatte. Vielleicht war das Wetter schuld, es war schwül, und am Nachmittag würde wohl ein Gewitter kommen. Nachdem wir den Einstieg erreicht hatten, sagte Dieter prompt: „Peter, ich fühle mich nicht wohl, lass uns wieder zur Hütte zurückgehen." Ich gab ihm zur Antwort, er solle ruhig zurückgehen, ich wolle aber den Vormittag noch nützen. Insgeheim wollte ich schon lange die äußerst schwierige Südostverschneidung an

der Fleischbank machen. Nach einer kurzen Diskussion beschloss Dieter, im Kar unter der Wand auf mich zu warten.
Ich stieg ein, kletterte die ersten Seillängen bis in den Grund der riesigen Verschneidung seilfrei, alles lief planmäßig. Ich wusste aber, dass ich mich wegen des Wetters beeilen musste. Im Grund der Verschneidung spreizend, erreichte ich die Schlüsselstelle, einen etwa sechs bis sieben Meter langen Quergang, der nach links hinauszieht. Auf winzigen Tritten meisterte ich die heikle Stelle. Mittlerweile war es immer dunkler geworden, eine riesige Wolkenbank schob sich über den Kaiser. Wie in Trance kletterte ich rasch, zumeist seilfrei, bis zum Grasband, das eine Fluchtmöglichkeit zur Scharte zwischen Christaturm und Fleischbank bietet. Der Originalausstieg führt vom Band hinter einer großen Platte etwa 60 Meter gerade weiter in leichteres Gelände und in der Folge zum Gipfel.
Ich überlegte kurz, ob ich in die Scharte hinausqueren oder doch noch versuchen sollte, die Route zu vollenden. Ich war gut drauf, vielleicht würde ich noch vor dem Gewitter den Gipfel erreichen. Ich wählte also den schwierigen Weg. Sechster Schwierigkeitsgrad, noch dazu äußerst ausgesetzt, hier musste ich mich mit dem Seil sichern. Zwischen meinen Beinen hinunterschauend, sah ich weit unter mir Dieter, der auf mich wartete. Irgendwo auf halber Höhe der Platte verfing sich mein Seil. Mit aller Kraft zog ich, ohne Erfolg. Ich befand mich wieder einmal in einer verhängnisvollen Situation und schimpfte mit mir selbst, dass ich nicht doch über das Grasband aus der Route gequert war.
Zu allem Überfluss fing es auch noch zu regnen an, und innerhalb weniger Minuten tobte das Gewitter mit voller Stärke. Es schüttete wie aus Eimern. Ich steckte wie ein Häufchen Elend hinter dieser Platte, wusste: Jetzt wird's eng. In solchen Momenten, wo man tatsächlich mit dem Rücken zur Wand steht und alles ausweglos erscheint, muss man alles, was man hat, einsetzen, und kurioserweise handelt man automatisch richtig. Die einzige Lösung war: Ich schnitt mein Sicherungsseil ab. Wie ich anschließend ungesichert durch den senkrechten Riss, durch den das Wasser herunterschoss, zum Ausstieg kletterte, weiß ich heute nicht mehr. Irgendwie ging es, weil es gehen musste. Pudelnass und völlig ausgelaugt erreichte ich den Gipfel, stieg in die Christascharte und durch die Schlucht ins Kar hinunter und traf dort auf Dieter, der unter einem Felsblock auf mich wartete.
Die geplante erste Solo-Begehung des Schmuckkamins, ebenfalls in der Fleischbank-Ostwand, schnappte mir mein Freund Heini Holzer aus Meran

weg. Gemeinsam hatten wir schon einige Touren gemacht, unter anderem die Scoiattolikante an der Westlichen Zinne im Sommer 1967. Reinhold Messner und Sepp Mayerl waren als erste Seilschaft eingestiegen, Heini und ich folgten. Heini war sehr früh in Meran aufgebrochen, hatte ein großes Schlafbedürfnis und nickte während des Durchstiegs ein paarmal ein. Dann musste ich ihn jeweils mittels Seilzug wecken. Leider kam Heini Holzer, der begeisterter Steilwand-Skifahrer war, 1977 bei einer Befahrung der Piz-Roseg-Nordostwand in der Bernina viel zu früh ums Leben.

Beim Schmuckkamin war ich also im August 1973 nach ihm der Zweite. Über die Alleinbegehung in dreidreiviertel Stunden schrieb ich danach in mein Tourenbuch: „Ich kann mich nur einmal an eine ähnlich gute Form erinnern, und das war am El Capitan. Das Klettern bereitet mir eine ungeahnte Freude, fast ist es, dass ich ganz bewusst die schwierigsten Stellen auskoste. Ich bin keinen einzigen Augenblick in einer brenzligen Situation und wundere mich nur, wo das alles auf einmal hergekommen ist. Ausstieg am Grat um 9.50 Uhr vormittags, Abstieg über den Nordgrat und zurück zur Hütte. Plane den Schiefen Riss von Rebitsch am Sagwandpfeiler für übermorgen. Das Risiko ist geringer, wenn ich alleine gehe, als mit jemandem Greifbaren. Ja wenn Reinhold da wäre ..."

Dieser eher nüchternen Beschreibung muss ich doch noch einiges anfügen. Bis 1973 gab es nur wenige Begehungen des Schmuckkamins, der damals wohl schwierigsten und gefürchtetsten Freikletterroute im Wilden Kaiser. Ich war in jenem Jahr in der Form meines Lebens: Ich hatte sehr viel von amerikanischen Bergsteigern gelernt, das Bigwall-Klettern im Yosemite und die neuartige Ausrüstung der Amerikaner eröffneten für mich neue Perspektiven. Am 9. August 1973 kletterte ich mit Anderl Aschenwald, einem Bergführerkollegen und ganz hervorragenden Bergsteiger aus dem Zillertal, vormittags bei einer Affenhitze die Predigtstuhl-Direttissima in kürzester Zeit. Das war uns immer noch zu wenig, und am Nachmittag durchstiegen wir noch in knapp vier Stunden die Südostverschneidung an der Fleischbank. Zwei Tage darauf waren Anderl und ich schon wieder dort, diesmal am Fleischbankpfeiler, und immer noch war es unverändert heiß. Wir kletterten eine Rebitsch-Paraderoute, den Südostpfeiler. Weil es so heiß war, beeilten wir uns und waren nach dreieinhalb Stunden am Nordgrat.

In diesen Tagen war ich wie besessen und kletterte, was das Zeug hielt. Einen Tag später, am 12. August, ging es mit Willi Fankhauser, dem Hüttenwirt der

„Strips", in weniger als drei Stunden durch die Fleischbank-Ostwand. Dann folgte am 13. August der erwähnte Alleingang durch den Schmuckkamin. Im anfänglich breiten Kamin, der mittels Spreiztechnik bewältigt wird und in dem man beinahe einen Spagat beherrschen muss, konnte ich kaum sichern. Die überhängenden, äußerst scharfkantigen, engen Risse im oberen, schwierigsten Teil waren das, was ich am liebsten hatte. Auch hier gab es praktisch keine Absicherungsmöglichkeiten. Weil ich kein Muskelprotz bin, liebe ich diese Art des Kletterns besonders: Ich konnte mich in die Risse hineinklemmen und gelangte durch eine Kombination von Ziehen, Schieben, Drücken und Klemmen nach oben.

Am Ausstieg dann nur noch Freude. Ich schaue hinunter in diesen „Schlund", durch den ich eben aufstieg, mehrere hundert Meter weit unten liegt das Kar. Ich fühle mich wie neugeboren, voller Glück. Es ist schwierig, diese Gefühlswallungen zu schildern – sie gehören wohl zu dem, was man selbst erlebt haben muss. Während eines Vortrags im Audi Max an der Universität Wien erwähnte ich diese Emotionen und hatte danach das Glück, einen für mein Leben sehr wichtigen Menschen kennenzulernen, den Neurologen und Psychiater Viktor Frankl. Viktor, der sich sehr viel und gern im Gebirge aufhielt, verstand genau, was ich meinte.

„DASS DU NUR AUF DICH SELBST BESCHRÄNKT BIST, MACHT DEN REIZ AUS, ES INTENSIVIERT DAS ERLEBNIS"

Wenn ich mir deine Achttausenderbesteigungen in Erinnerung rufe, Peter, dann waren die meisten eigentlich auch Alleingänge, zumindest in der letzten Phase zum Gipfel.

In Anführungszeichen vielleicht schon, ja. Aber grundsätzlich war ich durchaus in Teams unterwegs. In dieser Hinsicht unterscheidet sich das Bergsteigen auf über 8000 Metern völlig vom Bergsteigen in den Alpen, bei dem man normalerweise beieinanderbleibt. Das ist auch sinnvoll, denn in den Alpen kann man sich gegenseitig helfen. Aber im Himalaja, da hat erstens jeder einen anderen Gehrhythmus, den er einhalten muss, um diese enormen Ausdauerleistungen erbringen zu können, und zweitens ist Hilfeleistung nur beschränkt möglich. Da kann dir keiner helfen. In diesen Flanken, auf diesen Graten kann dich keiner herausholen. Es gibt keine Bergrettung, so hoch fliegt kein Rettungshubschrauber. Es gibt da nur zwei Möglichkeiten: Du setzt dich zu deinem verletzten oder erschöpften Partner und stirbst mit ihm, oder du versuchst dich zu retten, Kameradschaftlichkeit hin oder her. Es klingt drastisch, aber es ist so: Wenn die Sauerstoffknappheit dir die ganze Power nimmt und wenn du einfach nicht mehr kannst – was willst du dann machen?

Aber es gab trotzdem immer wieder Fälle, in denen Leute es geschafft haben, andere – zum Teil nicht mal ihre Kameraden – aus großer Höhe zu retten. Fehlt nicht oft auch einfach die Bereitschaft, das eigene Ziel hintanzustellen, um einen anderen Menschen zu retten?

Diese Fälle gab es, ja, aber das sind Ausnahmen, und man kann einfach nicht davon ausgehen, dass einem geholfen wird. In leichterem Gelände geht das schon mal, und wenn man zu mehreren ist, am Mount McKinley konnten wir ja auch einmal zwei Bergsteiger retten. Wir wickelten sie in einen Biwaksack ein und zogen sie herunter zu einer Stelle, wo der Hubschrauber sie holen konnte. Und selbstverständlich habe ich die größte Achtung vor Leuten, die auf die eigenen Pläne verzichten, womöglich noch sich selbst in Gefahr bringen, um anderen zu helfen.

Wenn also kommerzielle Veranstalter von der Sicherheit innerhalb einer Gruppe sprechen, dann gaukeln sie den Kunden etwas vor.
Natürlich, denn diese Sicherheit können sie schlichtweg nicht gewährleisten. Selbst wenn sie alles tun würden, um eine Rettungsaktion zu starten – wenn ihnen oben am Südsattel des Everest einer umkippt und es ist nicht zufällig ein Arzt oben oder jemand, der sich mit Medikamenten auskennt, und es sind nicht zufällig drei Sherpas oben, die den heruntertragen können, dann ist Feierabend.

Und deswegen gehst du lieber gleich allein.
Die Sicherheit, das ist doch alles Lug und Trug. Du brauchst dich ja nur bei uns in den Alpen umzuschauen, wie die Leute auf Hochtouren als Seilschaft unterwegs sind. Wehe, wenn da einer stürzt – wenn drei am Seil hängen, sind alle drei tot, weil der eine die anderen mitreißt. Oder am Gletscher: Schau dir die Seilschaften am Möselergletscher an. Wenn einer in eine Spalte fällt, dann stehen fünf um ihn herum und sind nicht in der Lage, ihn heraufzubringen.

Weil ihnen die Technik fehlt, um ihn aus der Spalte zu bergen.
So ist es. Das Bergsteigen lernt man nicht aus Büchern, sondern man lernt es im Gelände, von Freunden, von Leuten, die sich mit dem Ganzen auseinandersetzen. Man lernt es nicht davon, dass der Deutsche Alpenverein eine „BergwanderCard" entwickelt, mit der man sein Können einschätzt und aus der man ablesen soll, ob man für blau, rot oder schwarz gekennzeichnete Bergwege geeignet ist. In meinen Augen ist das Bergsteigen sowieso viel zu theoretisch geworden. Ohne „Risikomanagement" geht ja schon gar nichts mehr. Diese ganzen Formeln – das ist für mich ein Horror. Was das Bergsteigen als Breitensport angeht: Die Leute sollen doch einfach mal anfangen, sich unter fachkundiger Anleitung ins Gebirge wagen.

Können denn die Bergsteiger heutzutage weniger als früher?
So allgemein ist das schwierig zu beurteilen. Aber eines trifft mit Sicherheit zu: Die Kondition der Leute ist schlechter geworden. Natürlich gibt es Ausnahmen, es gibt ein paar Spitzenkönner, aber generell ist die Kondition des-

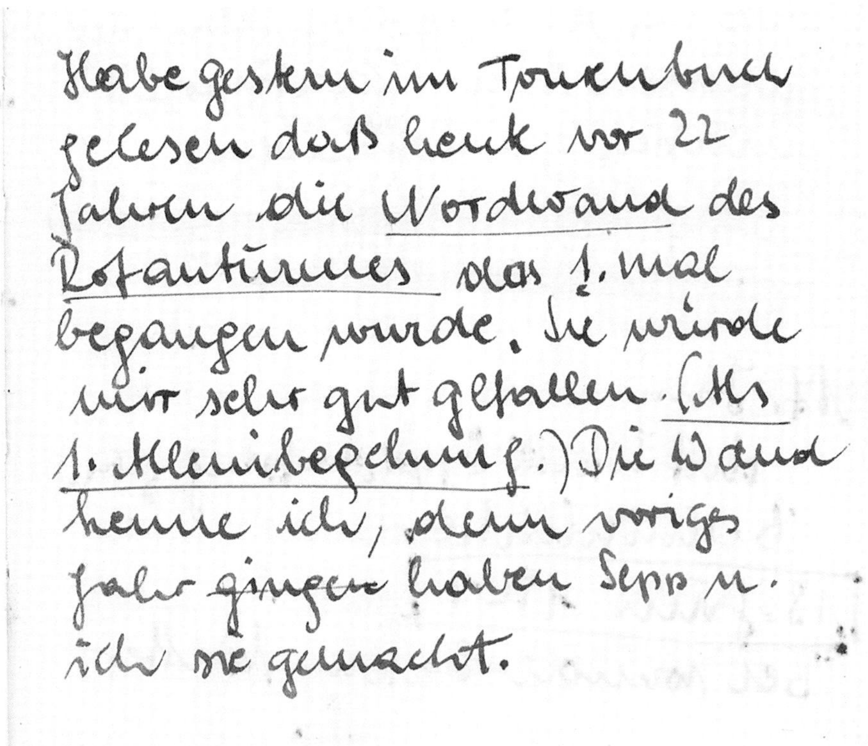
Habe gestern im Tourenbuch gelesen daß heute vor 22 Jahren die Nordwand des Rofanturmes das 1. mal begangen wurde. Sie würde mir sehr gut gefallen. (Als 1. Alleinbegehung.) Die Wand kenne ich, denn voriges Jahr ~~gingen~~ haben Sepp u. ich sie gemacht.

Herausforderung Solo-Begehung: Die frühen Tourenbücher sind auch in dieser Hinsicht akribisch geführt.

halb schlechter geworden, weil viel mehr gefahren und weniger gegangen wird. Es ist ja toll, wenn junge Bergsteiger Ambitionen haben und gern klettern. Aber sehr viele herrliche Routen geraten auch deshalb in Vergessenheit, weil den Leuten mittlerweile die Zustiege zu lang geworden sind. Früher ist man halt alles zu Fuß gegangen. Deswegen ist es wichtig, dass auch das Wandern wieder beworben wird und nicht nur die modernen Trendsportarten.

Lass uns nochmals auf deine Alleingänge zurückkommen, Peter. Als junger Kletterer bist du solo losgezogen – aus Verlegenheit, weil du keinen Partner hattest, oder steckte da eine tiefere Absicht dahinter?

Nein, das war keine spezielle Absicht, manchmal fehlte mir eben der richtige Partner. Ich wollte ja nicht mit irgendjemandem klettern, sondern mit Leuten, die gut waren und mit denen ich auskam. Diese Alleingänge waren dann sehr wichtig für mich, weil ich dabei viel gelernt habe. Zum Beispiel, die Gefahren richtig einschätzen – als Alleingänger schärfst du dein Bewusstsein für die Gefahr. Du informierst dich sehr sorgfältig über die Route. Alleingänge in extremen Touren machte ich nur, wenn ich die Route vorher schon kannte. Den Schmuckkamin hatte ich, bevor ich ihn solo machte, schon zweimal begangen, einmal mit Kurt Schoißwohl und einmal mit Horst Fankhauser, und auch die Direkte an der Laliderer Wand kannte ich, bevor ich allein einstieg.

Hat denn da auch eine Rolle gespielt, dass du dir beweisen wolltest, diese Routen allein schaffen zu können?
Nein – mich hat daran gereizt, dass alle meine Sinne viel mehr gefordert sind, wenn ich allein gehe, und dass ich das Ganze noch intensiver aufnehme. Dass du nur auf dich selbst beschränkt bist, macht den Reiz aus, es intensiviert das Erlebnis. Als Alleingänger kannst du dich nicht bei deinem Partner versichern, dass du auf der richtigen Route bist. Du kannst dich mit niemandem besprechen, wann du eine Pause machst oder was du vom Wetter hältst. Du bist ganz auf das ausgerichtet, was im Augenblick passiert.

Das steigert deine Wachsamkeit?
Ich begegne der Natur einfach vorsichtiger. Sobald du in einer Gruppe unterwegs bist, macht sich die sogenannte Kollektivschneid bemerkbar: Zusammen fühlt man sich stark, und weil die anderen keine Bedenken äußern, spricht man auch nicht über die eigenen. Wenn du allein bist, beruhigt dich niemand, und du weißt genau, dass dir niemand helfen kann, wenn du Probleme bekommst, wenn dein Timing nicht stimmt. Du bist eins zu eins mit der Natur konfrontiert. Das muss gar keine Sechser-Route oder Expedition sein, das ist schon hier im Zillertal so, dass ich als Alleingeher keinen Fehler machen darf. Ich gehe nie so konzentriert, wie wenn ich allein gehe.

Aber auf Expeditionen stelle ich mir den Alleingang noch extremer vor, das Gefühl der Verlorenheit, wenn du so weit weg von der Zivilisation auf dich allein gestellt bist.
Auf einem Achttausender allein zu sein, das ist vom Mentalen her wirklich extrem, und nicht ohne Grund gibt es nur sehr wenige Menschen, die sich dem ausliefern. Aber trotzdem: Die Sicherheit, die dir auf Expedition eine Gruppe bietet, ist eine Illusion. Wenn du mit zehn Leuten im Sturmlager sitzt, am

nächsten Tag zum Gipfel willst, dann fühlst du dich in dieser Gruppe geborgen. Du fühlst dich sicher. Du hörst Stimmen, hörst die Partner lachen, kannst dich unterhalten, sie nach ihrer Meinung fragen. Aber schon wenn es nur noch fünf Leute sind, wird diese Illusion brüchig, denn die Wahrscheinlichkeit, dass sie dich retten können, wenn dir irgendetwas passiert, wird geringer. Erst recht, wenn du zu dritt oder zu zweit da oben sitzt. Und wenn du allein bist, dann hörst du auf jedes Geräusch. Wenn du eine Lawine hörst, dann reißt es dich – wo ist die abgegangen, was ist da los? Mit zehn Leuten um dich herum hörst du es vielleicht gar nicht, weil gerade jemand redet oder lacht. Das passiert alles im Kopf. Du bist einfach, das Wort trifft es wirklich gut, mehr ausgeliefert.

Dieses Ganz-bei-sich-Sein hat ja aber auch einen positiven Aspekt.
Es hat einen gewissen meditativen Wert, natürlich, wie das Gehen in der Höhe überhaupt. Du trachtest nur nach einer Sache, und alles andere wird uninteressant. Genauso beim Solo-Klettern: Du bist völlig konzentriert auf das, was du tust, auf jeden Griff, auf jeden Tritt, du weißt genau, was passiert, wenn irgendetwas schiefgeht, dass kein Seil dich hält. Du bist ganz allein, völlig wach, und das hat seine Faszination, ohne Zweifel.

Und du bist natürlich auch sehr stark mit dir selbst konfrontiert, mit dem, was in deinem Kopf abgeht. Du kannst dich nicht durch Gespräche mit anderen ablenken.
Nein – Gott sei Dank wirst du nicht abgelenkt. Wenn du allein bist, bist du sehr, sehr „gewahrig“, wie wir sagen, dass alles funktioniert und du richtig entscheidest, dich unter Umständen auch für den Rückzug entscheidest, wenn es nicht anders geht.

Gut, Peter, du sagst jetzt Gott sei Dank. Jemand, der gut mit sich allein zurechtkommt, ist sicher dankbar dafür, aber es gibt ja viele Leute, die können das ganz schlecht, allein sein.
Nun, das ist halt wie im „normalen“ Leben auch, es gibt Menschen, die können sich gut mit sich selbst beschäftigen, und andere, die können das nicht, die brauchen immer Leute um sich herum. Die werden auch beim Bergsteigen nur in der Gruppe glücklich. Vielleicht hängt das auch damit zusammen, wie du aufwächst, ob du in einer Großfamilie aufwächst, wo die Kinder her-

umkugeln und die Tante kommt und die Oma dabeisitzt und der Gugelhupf auf dem Tisch steht. Das ist anders, wenn du allein aufwächst.

Wenn du dir deine Solo-Klettertouren im Wilden Kaiser in Erinnerung rufst: Wie gefährlich waren die? Wie hoch war das Risiko?
Das kommt darauf an, ob ich mich bei den Alleinbegehungen gesichert habe oder nicht – bei den extremeren Routen sicherte ich mich ja in den schwierigen Seillängen selbst. Und allzu viele ganz schwere Alleinbegehungen waren es ja gar nicht. Aber wenn ich ohne Seilsicherung einen Fehler gemacht hätte, wäre ich weg gewesen, von daher war das Risiko schon hoch. Allerdings steigt man in so etwas auch nur ein, wenn man in diesem Gelände absolut sicher ist und alle Unwägbarkeiten ausgeräumt hat.

Nach welchen Kriterien hast du entschieden, ab wann du dich sicherst? Hast du das vor einer Begehung genau geplant?
Nein, das ergab sich aus der Situation und aus dem Gelände. Bei den heutigen Schwierigkeitsgraden mag das anders sein, aber bei unseren Touren früher war es nicht so, dass man jeden Griff geplant und auswendig gewusst hat. Ich schaute mir die nächsten zehn, 20 Meter an und entschied, ob ich das ohne Sicherung klettern konnte oder das Seil fixieren musste. Wenn ich dann losgegangen war, bewegte ich mich in einem Kletterfluss vorwärts, schaute und griff und schob und zog und fühlte mich unheimlich wohl dabei. Ich dachte nicht an den Absturz, daran durfte ich gar nicht denken. Ich dachte nur an die nächsten Meter, die ich in Angriff nahm. Wenn ich über eine schwierige Kletterstelle hinüber war, rastete ich. Und dann begann das Spiel von Neuem.

Wenn du gesichert hast – wie hat das ausgesehen?
Es gibt verschiedene Selbstsicherungsmethoden. Eine hatte Bonatti entwickelt; da sie ziemlich zeitaufwendig ist, weil man jede Seillänge dreimal klettert, wendete ich manchmal eine zweite, einfachere Technik an. Ich nahm einen kürzeren Seilstutzen mit und bildete einen Seilring: In das eine Ende band ich mich ein, fädelte das Seil durch alle Haken, an denen ich in schwierigen Passagen vorbeikam, und fixierte jeweils das zweite Ende des Seils auch wieder an mir. Dadurch war ich an einem oder mehreren Fixpunkten gesichert. Wenn ich dann wieder einen guten Absatz erreichte, löste ich ein Ende des Seils und konnte es am anderen Ende durch die Haken wieder zu mir herauf-

Der berühmte Schmuckkamin, eine Route von Marcus Schmuck und Hermann Buhl, wurde erstmals von Heini Holzer, dann von Peter Habeler im Alleingang begangen.

ziehen. Voraussetzung war natürlich, dass der Seilring lang genug war; für eine Kletterstelle von acht Metern brauchte ich mindestens 16 Meter Seil. Und diese Methode hatte auch Nachteile. Wenn die Hakenösen eng waren oder der Seilverlauf ungünstig, blieb das Seil in den Haken hängen und ließ sich nicht abziehen. In der letzten Seillänge der Fleischbank-Südostverschneidung war es noch schlimmer: Da konnte ich gar nicht mehr weiterklettern, weil das Seil sich verklemmt hatte. Deswegen fädelte ich oft durch die Haken ein kurzes Seilstück, verknotete es mit einem Sackstich und fädelte mein Seil dann dort ein. Heute weiß man, dass es den Effekt der Schmelzverbrennung gibt, wenn

Seil auf Seil läuft – im Ernstfall wäre die kurze Seilschlinge unter Belastung vermutlich durchgeschmolzen. Aber das wusste ich damals noch nicht; mir ging es darum, dass ich mein Seil abziehen konnte, ohne einen Karabiner zurücklassen zu müssen.

Die kurzen Seilschlingen, die du in die Haken geknüpft hast, blieben also in der Wand. Bei Bonattis Technik konntest du Karabiner einsetzen, weil du am fixierten Seil noch einmal abgeklettert bist und im Hinaufgehen das ganze Material mitnehmen konntest. Bist du denn da mit zwei Seilen geklettert?
Nein, ich war meistens mit einem 40-Meter-Seil unterwegs. Am Stand befestigte ich das Seil am Rucksack und hängte es mit einem Karabiner in den Standhaken ein. Dann schaute ich mir die folgende Passage an. Wenn sie zwölf Meter lang war, nahm ich mir vom Rucksack ausgehend gute zwölf Meter Seil, machte einen Knoten und fixierte ihn an meinem Körper. Während des Kletterns hängte ich das Seil mittels Karabinern in vorhandene Sicherungshaken ein. Nach den zwölf Metern oder wenn sich ein guter Platz bot, löste ich meinen Anseilknoten, verlängerte das Seil und nahm mir weitere zehn oder 15 Meter, nicht zu viel, damit die Sturzhöhe im Falle eines Falles nicht zu hoch wurde. Das wiederholte sich während einer Seillänge ein paarmal, bis ich die 40 Meter ausgegangen war und wieder einen Standplatz erreicht hatte. Dort fixierte ich das Seil, sodass es mehr oder minder straff war. Abseilen konnte ich daran ja nicht, weil es durch die Karabiner lief, also brauchte ich eine Verbindung von mir zum Seil, zum Beispiel mit einem laufenden Karabiner, damit ich mich daran gesichert wieder am Seil hinunterhangeln konnte. Falls mir das Schmalz ausging, stoppte mich der nächste Haken. Am unteren Stand angekommen, sicherte ich mich mit zwei Prusikschlingen oder später mit Jümars am Seil und löste die Fixierung am Stand. Nun konnte ich am Seil wieder aufsteigen – was natürlich sehr kraftaufwendig war – und dabei alle Sicherungen mitnehmen. Oben angekommen, musste ich dann noch meinen Rucksack heraufziehen, der immer noch am Ende des Seils hing.

Eine ganz schön langwierige und anstrengende Prozedur. Aber wenn es stark überhängt, pendelst du doch weit hinaus?
Ja, du sagst es, dann schwingt man aus der Wand hinaus, und das führte bei mir immer mal wieder zu Problemen. Eine optimale Sicherung gibt es beim Alleingehen nicht.

Ganz abgesehen davon, dass die Fixpunkte im Fels, an denen du dann hingst, vermutlich auch nicht immer hundertprozentig sicher waren. Und wenn du ohne Sicherung gegangen bist, zum Beispiel im Ausstieg der Fleischbank-Südostverschneidung, dann hätte ein Ausrutscher genügt, und es wäre vorbei gewesen. Es sind immer wieder Alleingänger abgestürzt, Peter – hattest du keine Angst?
Nein, ich hatte eigentlich nicht so viel Angst. Natürlich habe ich mich damit auseinandergesetzt, was passieren könnte. Aber wenn ich einstieg, war ich mir meiner Sache sicher. Ein Alleingang fordert dich so, dass du ihn nur angehst, wenn du in Einklang mit dir selbst bist. Wenn du weißt, du bist kräftemäßig vorbereitet, und wenn du positiv eingestellt bist. Das ist man ja nicht immer. Dann kehrt man halt am Einstieg um oder seilt nach ein paar Seillängen wieder ab. Es braucht vor allem Ehrlichkeit sich selbst gegenüber.

Momentan machen in der Alpinszene zwei sehr starke Alleingänger von sich reden, der Berchtesgadener Alexander Huber und der Schweizer Ueli Steck. Wie beurteilst du deren Leistungen?
Was die beiden machen, das sind selbst für mich nicht mehr nachvollziehbare Leistungen. Sowohl Alex als auch Ueli spielen in einer völlig anderen Liga, als ich das jemals getan habe, und das kann man nur bewundern. Wenn man sich das vorstellt: Alex Huber free solo in der „Hasse/Brandler" in der Nordwand der Großen Zinne – frei geklettert ist das der obere achte Grad, der Fels ist nicht immer der zuverlässigste, und das Ganze in einer Wand, die mehr als 500 Meter hoch und wahnsinnig ausgesetzt ist. Unglaublich!

Alexander hat sich auf diese Begehung sehr gewissenhaft vorbereitet. Er kletterte Sportkletterrouten bis in den zehnten Grad hinein free solo und war einige Male an der Großen Zinne, um die Tour zu gehen und die Bewegungsabläufe einzustudieren. Er durfte sich keinen einzigen Fehler erlauben, musste also zahllose Kletterzüge schnell und fehlerfrei abrufen können, durfte keinen unsicheren Griff belasten. Startpunkte von besonders kniffligen Bewegungssequenzen markierte er zur Sicherheit mit kleinen Magnesiapunkten. Im Gegensatz zu manchen anderen Solo-Kletterern hatte er auch kein Seil für den Notfall dabei, nur seinen Magnesiasack.
Natürlich kann man sagen, es gibt heutzutage bessere Kletterschuhe als zu unserer Zeit. Natürlich kann man sagen, wir hatten längst nicht diese Fingerkraft

wie die heutigen Kletterer, weil wir nicht systematisch trainierten – ich kann nur staunen, welche Schwierigkeiten heute geklettert werden. Aber selbst wenn man das alles berücksichtigt, sind solche Solo-Begehungen eine Klasse für sich. Ich bin auch oft ohne Seilsicherung gegangen. Doch dieses Ausgeliefertsein in einer Wand, wie man es in der Direttissima der Großen Zinne empfindet – also das hätte ich mich nie getraut.

Was braucht ein Alexander Huber, um so eine Begehung machen zu können? Eine ausgezeichnete körperliche Verfassung, das ist klar, aber was läuft in seinem Kopf ab?
Er muss völliges Vertrauen in sich haben, den Glauben an sich selbst. Er muss in sich ruhen. Die Selbstsicherheit, die er hat, ist unschlagbar. Das ist kompromissloses Bergsteigen, Bergsteigen in seiner letzten Konsequenz. Anders kann ich das gar nicht nennen. Und dasselbe trifft auf Ueli Steck zu. Er ist nicht nur Kletterrouten free solo gegangen, sondern auch schwierige kombinierte Touren im Steileis, an Sechstausendern in Nepal, die Ostwand des Tawoche und die Cholatse-Nordwand – ein wunderschöner Berg, der Cholatse, ich bin oft an ihm vorbeigelaufen und habe mir gedacht, da würde ich auch gern hinaufgehen. Dann hat er doch noch diese neue Route in der Eiger-Nordwand gemacht.

„The Young Spider"? Ja, die hatte er zusammen mit Stephan Siegrist erstbegangen, und dann machte er die erste Wiederholung, allein und im Winter, in fünf Tagen. Nun plant er einen Alleingang durch die Annapurna-Südwand, bei dem er erstmals direkt zum Hauptgipfel aufsteigen will, im Alpinstil, ohne Sauerstoff.
Ein ehrgeiziges Ziel!

Oder nimm den Amerikaner Dean Potter: Der steigt allein 1000 Höhenmeter durch die „Nose" am El Capitan, möglichst schnell, weil er innerhalb von 24 Stunden auch noch den Half Dome klettern will. Das Video davon kannst du dir im Internet anschauen. Sogar in Patagonien hat er die Solo-Idee verwirklicht und die „Supercanaleta" am Fitz Roy und die Kompressorroute am Cerro Torre allein durchstiegen.
Das sind alles beachtliche Leistungen – Hut ab, Hut ab. Mehr kann man da nicht sagen. Sich dermaßen zu exponieren, das ist eine ganz eigene Geschichte.

Sowohl Alexander als auch Ueli sprechen davon, dass bei ihren Alleingängen Körper und Geist in Einklang sind, dass sie sich aufs Äußerste konzentriert, wie in einer Art Meditation bewegen. Anscheinend spielt da auch eine spirituelle Komponente mit.
Aber am Beginn solcher Aktionen steht immer der Glaube an sich selbst. Du kannst nicht allein in eine schwere Route einsteigen und auf den Herrgott vertrauen. Du brauchst Zuversicht aus dir selbst heraus.

Wenn ein einziger Fehler tödliche Konsequenzen hat – ist ein solches Risiko verantwortbar, der Familie, dem Partner gegenüber?
Das kann nur jeder für sich selbst beantworten. Wir können kein Urteil über diese Leute fällen, nur weil wir nicht mehr verstehen, was sie da tun und warum sie es tun. Für sie selbst muss das verantwortbar sein. Das kann nur der Ueli Steck für sich entscheiden, das kann nur der Alex Huber für sich entscheiden. Ich kann ihnen nur wünschen, dass ihnen nie etwas zustoßen möge.

FRÊNEYPFEILER UND GRAND PILIER D'ANGLE: DIE GROSSEN ROUTEN VON CHAMONIX

Im Jahr 1967 wurde ich zu einem internationalen Bergsteigertreffen nach Chamonix eingeladen. Die Ecole Nationale de Ski et d'Alpinisme (ENSA), die französische Ausbildungsstätte für Berg- und Skiführer, versammelte jeden Sommer herausragende Bergsteiger aus ganz Europa und ermöglichte ihnen, zehn Tage bei freier Kost und Logis nach Herzenslust Touren zu unternehmen. Der damalige Leiter unserer Alpenvereinsjugend, Luis Lechner, verfolgte meinen alpinen Werdegang recht genau und hatte mich als Teilnehmer vorgeschlagen. Das war natürlich das große Los für mich. Mit meinen 24 Jahren hatte ich es zwar zu einem VW Käfer gebracht, aber allzu große Sprünge konnte ich finanziell nicht machen. Nachdem Horst Fankhauser keine Zeit hatte, fragte ich Michl Meirer, ob er mitkommen wolle. Michl war zwar kein extremer Kletterer, aber er hatte großes Vertrauen in mich und meine Vorsteigerqualitäten. Das war wichtig, denn von Anfang an hatte ich den Plan, den Frêneypfeiler zu versuchen.

Dieser Route ging damals ein berüchtigter Ruf voraus. Die „Tragödie vom Frêneypfeiler" war in aller Munde: Bei einem Begehungsversuch waren im Juli 1961 in einem furchtbaren Wettersturz mit tagelangem Schneesturm vier von sieben erstklassigen Bergsteigern ums Leben gekommen; nur die Italiener Walter Bonatti und Roberto Gallieni sowie der Franzose Pierre Mazeaud überlebten. Im August desselben Jahres gelang einer britisch-französischen Mannschaft schließlich die Erstbegehung. Seither hatten sich nicht viele Seilschaften in diese Tour gewagt, sie hatte erst zwei oder drei Begehungen.

Ich hatte viel über den Frêneypfeiler gelesen und mich informiert, ich kannte die Berichte von Walter Bonatti und von den Briten. Und ich hatte viel Klettererfahrung, aus der ein gewisses Selbstbewusstsein gewachsen war. Damals fürchteten wir uns so schnell vor nichts. Am 11. Juli kamen wir in Chamonix an und wurden in der ENSA den Bergsteigerkollegen vorgestellt. Ich wurde ein wenig kleinlaut, als ich die zum Teil hervorragende Ausrüstung der anderen sah – da schaute ich mit meinem alten Aschenbrenner-Pickel schlecht aus. Die Deutschen Fritz Zintl und Günter Sturm feilten mit viel Sorgfalt ihre Steigeisen, und jeder wollte wissen, was die einzelnen Seilschaften vorhatten. Irgendwann mussten wir mit der Sprache heraus, und als die ENSA-Leute hörten, dass wir uns den Frêneypfeiler vorgenommen hatten, rieten sie uns vehement ab. Wir waren in der Alpinszene noch nicht groß in Erscheinung getreten, also traute uns niemand den damals schwierigsten Anstieg auf den Montblanc zu. Wir ließen uns aber nicht von unserem Plan abbringen und brachen unbemerkt auf; nur einen der Ausbilder, Pierre Julien, weihten wir ein.

Wir fuhren mit der Bahn auf die Aiguille du Midi und weiter zur Turiner Hütte hinüber und machten uns auf den Weg zum Biwak am Col de la Fourche. Es war sehr heiß, die Rucksäcke waren schwer, und wir brachen tief in den Schnee ein. Das Wetter war prächtig, am Himmel keine einzige Wolke. Mit uns auf der Biwakschachtel übernachtete ein französischer Führer, der uns von der Seite ansah, nachdem er unseren Eintrag im Hüttenbuch gelesen hatte. „Difficile", meinte er nur.

Um ein Uhr morgens standen wir auf und erreichten über den Col Moore und den Col de Peuterey den Einstieg. Vor uns wuchs beeindruckend der Pfeiler in die Höhe, 500 Meter im fünften und sechsten Schwierigkeitsgrad, und das in einer Höhe zwischen 4000 und 4500 Metern. Gegen halb neun stiegen wir ein. Ein Verhauer kostete mich etwas Zeit, aber dann kamen wir gut voran. Der Granit war herrlich, eine tolle Seillänge folgte der anderen. Um sechs Uhr abends, ich war ziemlich müde, da ich den ganzen Tag vorgestiegen war, biwakierten wir am Fuß der „Chandelle", des senkrechten, teilweise überhängenden Aufschwungs im oberen Teil des Pfeilers. Mehr als die Hälfte hatten wir geschafft.

Die Nacht wurde sehr kalt, und wir brachen auf, sobald es hell wurde. Nun erwarteten mich die beiden Schlüsselseillängen der Tour. Unter den Überhängen querte ich nach rechts und überwand dann in anstrengender Piaztechnik das Dach. Das musste die Stelle sein, an der Don Whillans während der Erstbegehung gestürzt war, wie er mir erzählt hatte. Die Kletterei fiel mir leichter als erwartet – zum Glück hatten unsere Vorgänger hier einige Haken belassen, sodass ich nicht wie sonst alle Haken neu schlagen musste. Danach wurde das

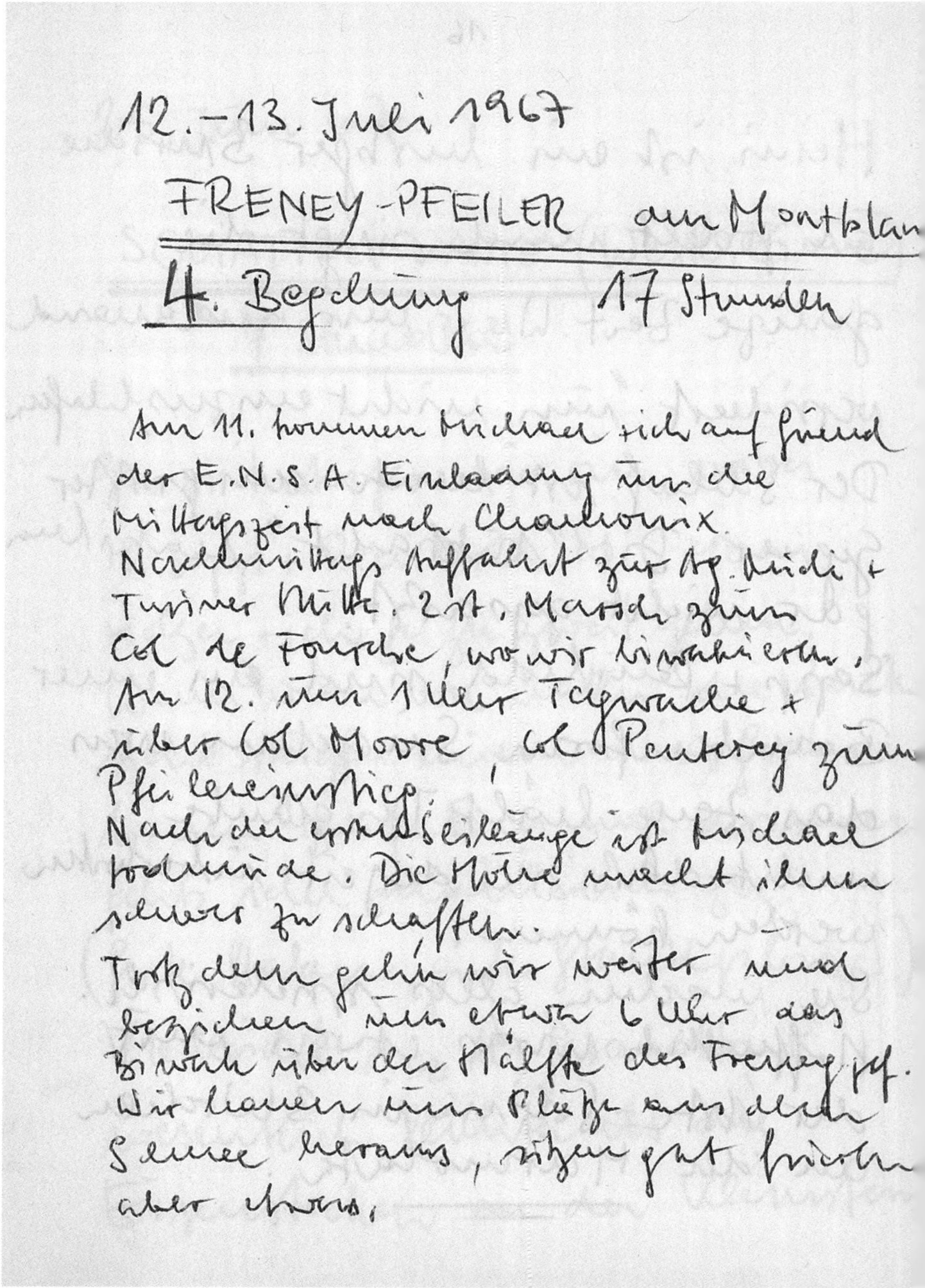

16

12.–13. Juli 1967

FRENEY-PFEILER am Montblanc

4. Begehung 17 Stunden

Am 11. kommen Michael + ich auf Grund der E.N.S.A. Einladung um die Mittagszeit nach Chamonix.
Nachmittags Auffahrt zur Ag. Midi + Turiner Hütte. 2 St. Marsch zum Col de Fourche, wo wir biwakieren.
Am 12. um 1 Uhr Tagwache + über Col Moore, Col Peuterey zum Pfeilereinstieg.
Nach der ersten Seillänge ist Michael todmüde. Die Höhe macht ihm schwer zu schaffen.
Trotz dem gehen wir weiter und beziehen um etwa 6 Uhr das Biwak über der Hälfte des Freneypf.
Wir hauen uns Plätze aus dem Schnee heraus, sitzen gut, frieren aber etwas.

Mit Michl Meirer gelang Peter Habeler die vierte Begehung des Frêneypfeilers.

17

Weiter am 13. Juli um 7 Uhr
u. nach Überwindung der 2
schwersten Seillängen, gehts über
leichteres Gelände aufwärts in die
Scharte zwischen Freneypfeiler +
Br. Grat. Fixe Seile erleichtern alles
ein wenig. (Von der Winterbeg. her)
Michel ist müde, ich bin es auch.
Daß ich den Pfeiler v. Einstieg bis
zum Gipfel führte macht sich
bemerkbar.
Nach kurzer Rast queren wir
unter dem Montblanc de Courmayeur
hinüber, steigen auf zum
Montblanc der um ca. 7 Uhr
erreicht wird.
Nach 1/2 St. Gipfelrast gehts
weiter zur Vallothütte wo wir
uns in die Lager „hauen"
Es war eine Freude mit Michel
zu gehen.
Am 14. Juli Abstieg n. Chamonix
Nachmittag kommt ein Wetter-
sturz.

%

Gelände etwas leichter, und schließlich erreichten wir den Pfeilerkopf. Dort stieß ich auf ein Depot mit Karabinern, Steigeisen und einem Charlet-Moser-Eispickel. Die Ausrüstung konnte nur von René Desmaison stammen, der 1966 die erste Winterbegehung des Frêneypfeilers gemacht hatte. Ein paar Karabiner und den Eispickel nahm ich mit.
Der Weiterweg über den Brouillardgrat führte in kombiniertem Gelände zum Gipfel des Montblanc, den wir um sieben Uhr abends erreichten. Viel Zeit, unseren Erfolg auszukosten, blieb uns nicht: Im Laufschritt ging es auf dem Normalweg zur Vallothütte hinunter, wo wir die Nacht verbrachten. Nach dem stundenlangen Klettern im rauen Granit schmerzten mir die Hände sehr, Michl musste mir sogar die Bergschuhe aufbinden. Am nächsten Tag stiegen wir über die Grands-Mulets-Hütte zur Aiguille du Midi ab und waren am Nachmittag wieder in Chamonix, wo es prompt zu regnen anfing.
Wir hatten dieses Abenteuer glücklich überstanden, und zwar ohne dass wir jemals in eine schwierige Situation geraten wären. Natürlich, in Momenten, in denen ich nichts zu tun hatte, abends im Biwak zum Beispiel, da machte ich mir schon Gedanken, wie es wäre, wenn jetzt ein Wettersturz käme wie 1961. Ein Rückzug wäre gar nicht so einfach gewesen. Aber grundsätzlich war ich mir sicher, dass wir das schaffen würden. Je nachdem, was man alles mitzählt, war uns die dritte oder vierte Begehung des Frêneypfeilers gelungen.
In der ENSA wurden wir stürmisch begrüßt, mittlerweile hatte sich herumgesprochen, wohin wir aufgebrochen waren. Pierre Julien freute sich sehr für uns. Jean Franco, der Leiter der ENSA, rief uns zu sich, glaubte uns aber anfangs nicht so recht. Ich beschrieb ihm alle Einzelheiten, doch er war erst überzeugt, als ich ihm den Eispickel und die Karabiner aus dem Depot zeigte und Desmaison bestätigte, wo er die Sachen zurückgelassen hatte. Desmaison gratulierte uns herzlich, und die Beweismittel durfte ich sogar behalten.
Während der Schlechtwettertage schmiedeten Michl und ich schon wieder neue Pläne. Auf dem Weiterweg vom Col de la Fourche hatten wir ständig die Nordostwand des Grand Pilier d'Angle vor Augen gehabt. Mit der „Bonatti/Gobbi" durch die Ostwand wollten wir noch eins draufsetzen. Sie ist wesentlich schwerer als der Frêneypfeiler, der Fels brüchiger, zudem ist der Pfeiler höher, 900 Meter, und wenn man ihn geschafft hat, steht einem noch der lange Aufstieg über den oberen Teil des Peutereygrats zum Gipfel des Montblanc bevor. Wir mussten mit drei Biwaks rechnen, hofften allerdings, dass wir es schneller schaffen würden. Diesmal wurde unser Vorhaben von der

ENSA unterstützt, ich bekam sogar neue Steigeisen und ein Paar neue Bergstiefel, die mir allerdings etwas zu groß waren.
Nach zwei Tagen im Tal stiegen wir wieder zum Biwak am Col de la Fourche hinauf. Am 17. Juli gingen wir um drei Uhr morgens los und waren nach zwei Stunden am Einstieg. Der Fels stellte sich tatsächlich als sehr brüchig heraus, überall pfiffen Steine herunter. Wir versuchten, schleunigst in die Kaminreihe zu kommen, wo wir etwas geschützter waren. Der Grund der Kamine war allerdings häufig mit absturzbereiten losen Blöcken gefüllt, sodass wir gezwungen waren, an den Seitenwänden zu klettern. Um keinen der Felsbrocken in Bewegung zu bringen, schlichen wir uns regelrecht hinauf, und wir redeten auch nicht viel miteinander, so angespannt waren unsere Nerven. Am schlimmsten war eine 40 Meter lange, brüchige Verschneidung mit lockeren Blöcken, die ich wie auf Eiern erkletterte.
Trotz allem kamen wir flott voran; um drei Uhr nachmittags hatten wir das zweite Biwak Bonattis erreicht. Danach folgte die von Bonatti so genannte „Schöne Verschneidung“, mit VI die schwierigste Seillänge am Pfeiler, die ich mit nur vier Haken hinter mich brachte, weil ich nicht mehr dabeihatte. Ich war davon ausgegangen, dass sich alle Stellen frei klettern ließen. Später quert die Route nach rechts über die Gratschneide in ein Couloir in der Nordostwand, das wir aber schnell wieder verließen, weil das Eis so spröde war, dass unsere Eisschrauben kaum eindrangen.
Um sechs Uhr bauten wir 200 Meter unterhalb des Gipfels auf einer Felsplatte unser Biwak auf. Wind kam auf, es begann zu schneien, ein Wettersturz stand uns bevor. Damit hatten wir nicht gerechnet. Wir froren und warteten, dass endlich die Nacht vorüberging. Am nächsten Morgen beeilten wir uns, denn in dem nun flacheren Vierer-Gelände würde der Schnee liegen bleiben und unser Fortkommen behindern. Ich rechnete mit einer Stunde zum Gipfel des Pilier d'Angle und mit weiteren drei Stunden zum Montblanc. Doch da sollte ich mich täuschen: Erst nach drei Stunden erreichten wir den höchsten Punkt des Pfeilers, und zum Gipfel des Montblanc brauchten wir danach noch mehr als sechs Stunden. Die Anstrengungen der letzten Tage machten sich bemerkbar, außerdem wurde das Wetter stürmischer, immer wieder gingen heftige Schneeschauer nieder.
Als wir um drei Uhr nachmittags endlich auf dem Montblanc standen, waren wir völlig erschöpft. Noch mussten wir hinunter zur Vallothütte, wo wir ein weiteres Mal nächtigten. Am 19. Juli schließlich stiegen wir auf der Aiguille

du Midi in die Seilbahn und schwebten nach Chamonix hinunter. Diesmal war unser Abenteuer etwas knapper ausgegangen. Vielleicht hatten wir uns mit zwei Gewalttouren innerhalb von zehn Tagen doch zu viel zugetraut. Für kurze Zeit bereute ich meinen Ehrgeiz, doch als wir an der ENSA fast wie Helden empfangen wurden, freute ich mich nur noch über unseren Erfolg.

Auf der Heimfahrt, als wir aus der Ferne die Berner Alpen erkannten, schlug ich Michl vor, dass wir doch noch die Eiger-Nordwand anhängen könnten, jetzt, wo wir so gut akklimatisiert wären. Dazu sagte er nur: „Entschuldige, du kannst mich mal.“

„BEI UNS WAR HALT DER GIPFEL DAS ZIEL"

Ich finde das echt frech, Peter, als junger Kerl zum ersten Mal ins Montblanc-Gebiet zu fahren und dann gleich zwei der schwierigsten Touren zu klettern.
Ja, frech war das schon. Selbstbewusst. Zwei Lausbuben aus Tirol machen den Frêneypfeiler ... Aber es war nicht das erste Mal, dass ich in Chamonix war; im Jahr davor, 1966, war ich mit Reinhold Messner, Sepp Mayerl und Fritz Zambra an den Grandes Jorasses. Damals kletterten wir den Walkerpfeiler, und das war auch schon so etwas wie eine Meisterprüfung, denn es war spät im Jahr und der Fels komplett vereist. Das war richtig schwierig.

Nach diesen frühen Wiederholungen großer Routen hattest du dann sicher einen Namen in der Szene.
Gut, das darf man auch nicht überschätzen. Aber Furcht einflößende Wände sind das schon, allein die Zustiege sind anspruchsvoll. Dass wir diese beiden Routen geschafft hatten, gab uns unheimlich Auftrieb. Michl und ich hatten wirklich unsere Gaudi.

Hattest du da schon Bigwall-Erfahrungen aus Amerika?
Nein, die kamen erst später. Im Winter 1966/67 war ich das erste Mal als Skilehrer in Wyoming. In Amerika geklettert bin ich dann das erste Mal 1968, mit Rick Horn in den Grand Tetons. 1969 machte ich Touren unter anderem mit George Lowe, und im Frühling 1970 war ich dann das erste Mal im Yosemite. Eigentlich hätte ich da mit Reinhold auf die Nanga-Parbat-Expedition von Herrligkoffer fahren sollen. Ich hatte aber Probleme mit einem eitrigen Zahn und musste deshalb zurücktreten. An meiner Stelle kam dann Reinholds Bruder Günther mit. Um mich über die Enttäuschung hinwegzutrösten, reiste ich nach Kalifornien ins Yosemite Valley.

Das war damals in Österreich schon als Kletter-Eldorado bekannt?
Nur unter Insidern. Ich kannte Yvon Chouinard von früher, und er meinte, dass ich unbedingt einmal kommen müsse. An die langen, glatten Granitris-

Mit Doug Scott am Leaning Tower im kalifornischen Yosemite Valley/USA

se und die amerikanische Absicherungstechnik musste ich mich erst gewöhnen, daher machte ich zum Einklettern kürzere Routen am Fuß des El Capitan. „The Slack" kletterte ich mit Yvon, „Moby Dick" mit dem Engländer Doug Scott, der gerade im Valley war. Auch mit Royal Robbins, einer der „Yosemite-Größen", war ich unterwegs. Die erste längere Tour ging ich wieder mit Doug: die Westwand des Leaning Tower, eine anstrengende Tour, etwa 300 Meter hoch, überhängend, fast alles hakentechnisch zu klettern. Der Höhepunkt war dann natürlich die „Salathé Wall" am El Capitan, mit den angeblich schwierigsten Freikletterstellen im ganzen Tal – 1000 Meter senkrechter bis überhängender Granit. Da gelang uns die elfte Begehung, und es war die erste von Nicht-Amerikanern.

Wie lange wart ihr in der „Salathé"?

Doug Scott und ich haben dreimal in der Wand biwakiert, also vier Tage. Im Abstieg mussten wir allerdings noch ein viertes Mal biwakieren, weil wir uns im Wald verirrten ... Der ganze obere Teil des El Cap ist überhängend, da mussten wir zum größten Teil technisch gehen, und das braucht viel Zeit. In Amerika ist es ja so, dass man die Haken, die man schlägt, auch wieder mitnimmt, keine Sicherungsmittel im Fels belässt. Diese Bigwall-Kletterei war etwas ganz Neues für mich. Das Essen für mehrere Tage, vor allem das Wasser, die Biwakausrüstung – der Haulbag, den wir von einem Stand zum nächsten hinaufzogen, wog sicherlich 40 Kilo und verhängte sich gern an Felsvorsprüngen. Dann hatten wir noch jede Menge Kletterausrüstung dabei. Auch die großen Pendelquergänge, die es in den Bigwalls immer wieder gibt, damit man wieder kletterbares Gelände erreicht, waren mir neu.

Und es gab andere Sicherungsmittel, als du sie von den Alpen gewohnt warst.

Neben den normalen Stahlhaken hatten wir Bongs, das waren ganz breite Profilhaken mit seitlichen Bohrungen, die man in sehr breite Risse schlagen konnte, ähnlich unseren früheren Holzkeilen. Auch Rurps gab es schon, winzige Haken für seichte Risse. In die durfte man natürlich nicht hineinstürzen, aber zum Aufrichten und Weiterbewegen beim technischen Klettern reichten sie, genauso wie Skyhooks, die wie Fiffihaken auf kleinsten Unebenheiten im Fels aufliegen. Dann verwendeten wir Nuts, also Klemmkeile, manchmal auch in vereinfachter Form: große Schraubenmuttern, in die ein Seilstück eingefädelt war. Nur Friends, die gab es zu unserer Zeit noch nicht.

Die Klettertechniken, die du in Amerika kennengelernt hast, waren ja dann sicher auch für deine Touren in den Alpen hilfreich.
Im Yosemite wurden Kletterbehelfe und Sicherungsmöglichkeiten genutzt, die man in Europa nicht kannte. Ich war sehr beeindruckt von der Herzlichkeit der amerikanischen Kletterer: Ob das Yvon Chouinard war, ob das Royal Robbins oder Chuck Pratt war, sie haben sich ganz selbstverständlich sofort meiner angenommen und mir alles gezeigt, was ich wissen musste. Von denen habe ich viel gelernt, und das konnte ich dann natürlich zu Hause wieder anwenden.

Hast du Ausrüstung mit zurück nach Österreich genommen?
Natürlich. Haken brachte ich mit – Yvon Chouinard war ja eigentlich Schmied, und er machte ganz tolle Stahlhaken. Auch die Bongs waren hervorragend; ich verwendete sie später teilweise im Wilden Kaiser. Vor allem aber gab es in Amerika die „Yosemite-Patschen", in Frankreich gefertigte Reibungskletterschuhe, die schon ganz ähnlich aussahen wie unsere heutigen, nur etwas steifer waren sie. In Europa konnte man die nirgends kaufen. Das war ein blauer Schuh, mit einer Sohle, in der so viel Ruß drin war, dass man überall schwarze Striche hinterlassen hat. Der hatte eine tolle Reibung, zum Klettern ideal, und den habe ich natürlich auch mitgebracht. Mit diesem Schuh habe ich dann im Kaiser die schwierigsten Routen gemacht. Am Anfang wurde ich ausgelacht: „Gehst tanzen?", haben sie gesagt, meine Partner. „Ja", hab ich gesagt, „ich werd euch schon zeigen, wo wir tanzen gehen." Sie hatten noch die schweren Bergschuhe.

Heini Holzer bei der ersten Solo-Begehung des Habelerrisses im Rofan

Du hast die Freikletterstellen in der „Salathé" erwähnt. Bei deinen großen Alpentouren war das wohl noch keine Frage, ob ihr euch an den Haken nur gesichert oder ob ihr sie auch zur Fortbewegung verwendet habt. Da ging es ums Durchkommen.

Genau, da fragte früher keiner danach, ob eine Begehung „clean" war oder nicht. Du hast einen Haken geschlagen und hast ihn auch hie und da hergenommen, wenn du ihn gebraucht hast. In einer großen Wand wie in den 50 Seillängen vom Grand Pilier d'Angle musst du schauen, dass du weiterkommst. Deswegen macht heute auch niemand mehr diese Routen. Den Frêneypfeiler schon, der wird mittlerweile häufig gemacht, auch an einem Tag. Aber da stecken jetzt auch alle Haken.

Otto Wiedemann, Reinhold Messner und Peter Habeler beim Training für den Dhaulagiri in den Zillertaler Alpen

Aus deinem Tourenbuch habe ich aber schon in Erinnerung, dass ihr im Kaiser oder im Rofan möglichst frei geklettert seid.

Ja. Aber das heißt nicht, dass wir uns am Stand nicht in einen Haken hineinhängten oder einen Haken als Griffhilfe nahmen. Puristisch waren wir nie.

Das Klettern hat sich in den letzten 20 Jahren enorm entwickelt – du konntest das über fast ein halbes Jahrhundert hinweg verfolgen. Wie beurteilst du diese Entwicklung?

Die Schwierigkeitsgrade, die geklettert werden, sind geradezu explodiert. Das hat natürlich mit den Sicherungsmöglichkeiten, sprich mit dem Bohrhaken zu tun. Diese Steigerung des Kletterkönnens finde ich fantastisch. Ich möchte mich auch gar nicht generell gegen Bohrhaken aussprechen. Aber ich finde, es kommt immer darauf an, wo sie verwendet werden, ob in neu erschlossenen

Gebieten oder zur Sanierung klassischer Routen. Ob von oben eingebohrt wird oder ob Routen von unten erschlossen werden. Je geringer die Hakenabstände werden, desto mehr bekommt das Ganze den Charakter eines Klettergartens. Ich denke, es sollte Platz für beides geben: zum einen für die Plaisir-Kletterer in gut abgesicherten Routen, denn das macht das Klettern einem größeren Kreis von Leuten zugänglich, auch Familien. Zum anderen für die Kletterer, die moralisch stark sind und das Abenteuer suchen. Denen darf man das Abenteuer nicht mit Bohrhaken zerstören.

Klettern für die Masse versus Klettern für die Elite also?
Ja, wobei die Übergänge natürlich fließend sind. Ich finde es schon sehr schade, dass viele von den klassischen, langen Routen kaum mehr begangen werden, an der Laliderer Wand im Karwendel zum Beispiel. In solche Touren kann man wohl nur dann Leute locken, wenn man sie sicherer macht. Das richtige Maß zu finden, das dürfte die Schwierigkeit sein.

Im Kaiser hat man schon den Eindruck, dass seit den Sanierungen – zumeist wurden die Stände eingebohrt und an neuralgischen Stellen auch Zwischenhaken – wieder erheblich mehr Kletterer unterwegs sind, und zwar auch in den klassischen Routen, nicht nur in den neu erschlossenen.
Das stimmt natürlich. Aber der Charakter der Routen darf dabei nicht verloren gehen. Deshalb spricht dann doch wieder einiges dafür, die klassischen Routen in dem Zustand zu belassen, in dem sie mal waren. Es ist ja oft auch eine Frage der Gewohnheit: Wenn man immer nur Bohrhakenrouten geht, sieht jeder geschlagene Haken verdächtig aus.

Aber es ist doch eine Tatsache, dass es heute beim Klettern weniger tödliche Abstürze gibt als früher. Die Entwicklung geht weg vom lebensgefährlichen Risikosport, hin zum gut abgesicherten Breitensport – in Abstufungen natürlich.
Ja, und das macht ja auch Sinn. Außerdem muss ich zu meiner Schande gestehen, dass auch ich ein einziges Mal in meinem Leben einen Bohrhaken gesetzt habe. Ich habe ihn später wieder herausgeschlagen. Das war bei der Erstbegehung der Nordwand der Gefrorenen Wand, da war ich 19. Ich befand mich am

Andreas Aschenwald in der Ostwand des Olperers

In der Fußstein-Nordwand

Beginn eines sehr schwierigen Risses, weit weg vom Standplatz, und hatte keine Möglichkeit, einen Haken zu setzen. Ich sah auch nicht, wie weit der Riss hinaufzog. Jetzt stand ich da: durchklettern oder nicht durchklettern? Ich wusste mir nicht mehr zu helfen, und da habe ich halt einen Bohrhaken gesetzt.

Du hattest also einen Meißel dabei und hast mit der Hand ein Loch gebohrt?
Richtig, es war ein ganz kurzer Bohrhaken, da dauerte das Bohren nicht allzu lange. Das ist sozusagen „ein Schandfleck in meinem Leben", aber es war halt so. Bei der zweiten Begehung mit Sepp Mayerl schlug ich ihn wieder heraus. Nach zwei Schlägen mit dem Hammer war er draußen und die Sache war bereinigt. Da wusste ich dann ja, wie es weitergeht und dass man ihn nicht braucht. Meine Skepsis gegenüber den Bohrhaken kam daher, weil ich in einer Wand etwas erleben wollte, was ich nicht bis ins Letzte vorherbestimmen konnte. Wenn du keine Bohrhaken hast, musst du mit den Gegebenheiten,

welche die Natur vorgibt, zurechtkommen. Aber mit 19 Jahren macht man halt hie und da einen Blödsinn.

Das heißt, du kannst damit leben, wenn andere Kletterer in ihren Erstbegehungen Bohrhaken setzen, aber du möchtest sie nicht in klassischen Routen haben.

So ist es. Das hat auch ein bisschen mit Nostalgie zu tun: Wenn ich im Rofan oder im Karwendel auf einen Haken vom Hias Rebitsch treffe, wenn ich im Kaiser einen Haken finde, den Hermann Buhl geschlagen haben muss, dann ist das einfach schön, dann freut mich das. Bei Neuerschließungen kommt es ja auch ganz stark darauf an, wie die gemacht werden, ob von oben oder von unten eingebohrt wird und in welchen Abständen. Ob natürliche Strukturen ausgenützt werden, die zwischendurch eine Absicherung mit Klemmkeilen erlauben, oder ob einfach gerade hochgebohrt wird. Im Zillertal gibt es ein paar

Mit Sepp Kreidl an der Fußstein-Nordkante

Swami Prem Darshano (Luggi Rieser) während der Erstbegehung von „Everest der Genüsse" am Spaten

Kletterer, die ganz tolle Routen eingerichtet haben, Reinhold Scherer zum Beispiel, der Geschäftsführer der Kletterhalle Tivoli in Innsbruck. Oder Swami Prem Darshano, Hanspeter Schrattenthaler und Andreas Aschenwald, die an Wände aus steilem Granit gehen, am Spaten zum Beispiel oder am König, und sie ohne Bohrhaken erschließen. Das sind schwierige Routen im siebten, achten Grad, mit alpinem Charakter. Sie haben mich schon ein paar Mal eingeladen und mitgenommen zum Klettern. Es ist eine richtige Kunst, wie sie mit den Klemmkeilen und Friends umgehen. Der Fels wird nicht „verletzt", es bleiben keine Spuren zurück. Dieser Stil gefällt mir sehr.

Es gibt im Zillertal beliebte Klettergärten, die „Ewigen Jagdgründe" sind weit über das Tal hinaus bekannt.

Das ist ein sehr schönes Gebiet bei Breitlahner, am Zemmbach – anspruchsvoll, sehr steile Wände. Fester, guter Granit und hervorragend abgesichert.

Das Tal bietet auch für den Plaisir-Kletterer viel. Das Zillertal eignet sich schon durch die Ausformung der Täler sehr zum Klettern. Das sind meistens U-Täler mit steilen Seitenwänden aus bestem Granit. Markus Schwaiger hat einen sehr umfassenden Führer für Kletterer und Boulderer veröffentlicht, fast 400 Seiten. Und wir haben einen sehr aktiven Kletterclub, die „Stonemonkeys".

Wenn du dir die Sportkletterszene im „Chillertal" anschaust, Peter, hat das noch mit dem zu tun, was dir das Bergsteigen bedeutet? Geht der Bezug zu den Bergen nicht verloren, ist das Gebirge nur noch „Sportgerät"?
Den Sportkletterern geht es um die Wand, um die Schwierigkeit, nicht wie uns früher um den Gipfel. Aber die Berge sind hier ja trotzdem präsent, das Erlebnis der Natur findet trotzdem statt. Für sie ist der Gipfel der Ausstieg ihrer Route, und sie freuen sich, wenn sie die Schwierigkeiten bewältigt haben. Warum sollen sie nicht die gleiche Befriedigung erleben? Bei uns war halt der

Horst Fankhauser im Quergang der „Großen Micheluzzi" am Piz Ciavazes/Sella

Gipfel das Ziel. Es war ein längerer Weg, ein Heranpirschen an den Gipfel, es schloss die Hütten mit ein. Das Erlebnis Hütte, das gehört für mich auch zum Alpinismus, ist Teil der alpinen Kultur. Die Hütten sind für mich ein Hort, ein unverzichtbarer Teil des Gebirges. Für mich ist meine Art des Bergsteigens schöner und runder. Ich bin so aufgewachsen, suchte neue Wege, hatte meine Gaudi dabei. Aber deswegen können doch diese jungen Leute mit ihrer Art des Kletterns genauso ausgelastet und glücklich sein wie wir mit einem Gipfel oder der Begehung einer Nordwand. Dass ich als Bergführer eher gipfelorientiert bin, hat auch damit zu tun, dass meine Gäste einfach auf den Gipfel möchten. Sie wollen den höchsten Punkt des Berges erreichen, den sie sich vorgenommen haben.

Hat das alpine Klettern in deinen Augen noch eine Zukunft?
Wenn das mit der Klimaerwärmung so weitergeht, wird das Klettern in den vergletscherten Gebieten der Alpen noch riskanter werden. Ich hoffe, dass sich das auf die unvergletscherten Gebiete weniger auswirkt. Man darf aber nicht vergessen, dass auch heute noch ständig neue Touren erschlossen werden. Im Spitzensport gibt es einige Kletterer, die sich dem Abenteueraspekt verschrieben haben und in außeralpinen Gebieten tolle Routen erstbegehen, in Neuguinea oder Alaska oder Patagonien. Selbst im Himalaja werden hohe Gipfel über enorm schwierige Wände bestiegen, in kleinen, schlagkräftigen Teams. Und was den Breitensport angeht: Da glaube ich, dass es immer Menschen geben wird, die sich an der Besteigung eines Gipfels über eine steile Wand oder über einen schönen Grat erfreuen. Mag sein, dass sie weniger werden – aber ich kann mir nicht vorstellen, dass es irgendwann mal niemanden mehr gibt, der diese Befriedigung spüren, dieses Glück empfinden möchte.

Das Ziel bleibt der Gipfel: Mit Swami Prem Darshano auf dem Olperer, nach der Durchsteigung der Nordostwand

Champion

Bibliografische Information Der Deutschen Nationalbibliothek
Die Deutsche Nationalbibliothek verzeichnet diese Publikation in der Deutschen Nationalbibliografie; detaillierte bibliografische Daten sind im Internet über http://dnb.d-nb.de abrufbar.

Gedruckt mit freundlicher Unterstützung von

2007

Umschlaggestaltung: stadthaus 38, Innsbruck, unter Verwendung von Fotos von Peter Habeler
Titelbilder: großes Bild: Peter Habeler nach der Rückkehr vom Nanga Parbat; kleines Bild: Gipfel der Ama Dablam
Seite 2/3: Die Ama Dablam in der Khumburegion/Nepal
Seite 8/9 und Umschlagrückseite: Peter Habeler am Lobuche Peak, vor der Kulisse von (von links nach rechts) Pumori, Lingtren, Khumbutse und Changtse, Foto: Dr. Jutta Wechselberger
Bildnachweis: Alle Abbildungen stammen aus dem Archiv von Peter Habeler, mit Ausnahme der Bilder von Seite 21 (John Cleare) sowie Seite 39 und 40 (Archiv Rebitsch)
Satz und Layout: Studio HM, Hall in Tirol
Lithografie: Artilitho, Trento
Druck und Bindung: Gorenjski-Tisk, Kranj
ISBN 978-3-7022-2812-5
E-Mail: buchverlag@tyrolia.at
Internet: www.tyrolia.at